Quick Guide

Reihe herausgegeben von
Springer Fachmedien Wiesbaden,
Wiesbaden, Deutschland

Quick Guides liefern schnell erschließbares, kompaktes und umsetzungsorientiertes Wissen. Leser erhalten mit den Quick Guides verlässliche Fachinformationen, um mitreden, fundiert entscheiden und direkt handeln zu können.

Benedikt Quarch • Dennis Geissler • Philippa Peters

Quick Guide Legal Best Practices für Gründer:innen

Wie Start-Up Gründung, Finanzierung und Gestaltung funktioniert

Benedikt Quarch
Düsseldorf, Deutschland

Dennis Geissler
Frankfurt am Main, Deutschland

Philippa Peters
München, Deutschland

ISSN 2662-9240 ISSN 2662-9259 (electronic)
Quick Guide
ISBN 978-3-658-45766-2 ISBN 978-3-658-45767-9 (eBook)
https://doi.org/10.1007/978-3-658-45767-9

Die Deutsche Nationalbibliothek verzeichnet diese Publikation in der Deutschen Nationalbibliografie; detaillierte bibliografische Daten sind im Internet über https://portal.dnb.de abrufbar.

© Der/die Herausgeber bzw. der/die Autor(en), exklusiv lizenziert an Springer Fachmedien Wiesbaden GmbH, ein Teil von Springer Nature 2024

Das Werk einschließlich aller seiner Teile ist urheberrechtlich geschützt. Jede Verwertung, die nicht ausdrücklich vom Urheberrechtsgesetz zugelassen ist, bedarf der vorherigen Zustimmung des Verlags. Das gilt insbesondere für Vervielfältigungen, Bearbeitungen, Übersetzungen, Mikroverfilmungen und die Einspeicherung und Verarbeitung in elektronischen Systemen.
Die Wiedergabe von allgemein beschreibenden Bezeichnungen, Marken, Unternehmensnamen etc. in diesem Werk bedeutet nicht, dass diese frei durch jede Person benutzt werden dürfen. Die Berechtigung zur Benutzung unterliegt, auch ohne gesonderten Hinweis hierzu, den Regeln des Markenrechts. Die Rechte des/der jeweiligen Zeicheninhaber*in sind zu beachten.
Der Verlag, die Autor*innen und die Herausgeber*innnen gehen davon aus, dass die Angaben und Informationen in diesem Werk zum Zeitpunkt der Veröffentlichung vollständig und korrekt sind. Weder der Verlag noch die Autor*innen oder die Herausgeber*innen übernehmen, ausdrücklich oder implizit, Gewähr für den Inhalt des Werkes, etwaige Fehler oder Äußerungen. Der Verlag bleibt im Hinblick auf geografische Zuordnungen und Gebietsbezeichnungen in veröffentlichten Karten und Institutionsadressen neutral.

Springer Gabler ist ein Imprint der eingetragenen Gesellschaft Springer Fachmedien Wiesbaden GmbH und ist ein Teil von Springer Nature.
Die Anschrift der Gesellschaft ist: Abraham-Lincoln-Str. 46, 65189 Wiesbaden, Germany

Wenn Sie dieses Produkt entsorgen, geben Sie das Papier bitte zum Recycling.

Inhaltsverzeichnis

Geschäftsidee   1

Gründung   5
a. Die Auswahl der für Dich richtigen Rechtsform   6
    aa) Personengesellschaft vs. Körperschaft   8
    bb) Oftmals nicht relevante Rechtsformen   10
    cc) GmbH   11
    dd) UG (haftungsbeschränkt)   13
    ee) GbR   14
    ff) Aktuelle Anpassungen, insbesondere Einführung der eGbR   15
b. Notwendige Unterlagen   16

Finanzierung   17
a. Strategische Entscheidungen   17
    aa) Bootstrapping vs. externes Kapital   17
    bb) Bootstrapping – Deine wichtigsten Fakten   18
b. Externes Kapital   19
c. Unterschied Angels und VC   21
d. Das Wandeldarlehen/Convertible Loan   21

e. Pooling von Angels	23
aa) Stimm-Pool	23
bb) Treuhandlösung	24
cc) Pool-Gesellschaften	26
dd) UG (haftungsbeschränkt) oder GmbH	26
ee) GmbH & Co. KG	26
ff) GbR	27
f. Zusammenfassung Vor- und Nachteile der Pooling-Lösungen	27
g. Finanzierungsrunde mit einem VC	28
aa) Term Sheet – was ist das und was sollte drin stehen?	28
bb) VSOP: Wer gibt Anteile ab?	30
cc) Finanzierung gekoppelt an Meilensteine	30
dd) Liquidation Preferences	30
ee) Muster Dokumentation für eine Finanzierungsrunde (GESSI)	31
ff) Dokumente, die in der Regel für eine VC-Finanzierungsrunde benötigt werden	31
gg) Due Diligence	31
h. Debt Financing	33
aa) Bankdarlehen	33
bb) Venture Debt	33
cc) Anleihen	34
Belegschaft	**37**
a. Personalsuche	37
b. Arbeitsverträge	40
aa) Bezeichnung	41
bb) Beginn und Laufzeit	42
cc) Tätigkeitsschwerpunkt	42
dd) Arbeitszeit	42
ee) Vergütung	43
ff) Urlaub	43
gg) Nebentätigkeiten und Wettbewerbsverbot	44
hh) Vertraulichkeitsvereinbarung	44

c. Zentrale arbeitsrechtliche Vorgaben	44
aa) Anbahnung und Begründung des Arbeitsverhältnisses	45
bb) Verpflichtungen und Rechte aus dem Arbeitsverhältnis	46
cc) Beendigung des Arbeitsverhältnisses	48
d. ESOP-Mitarbeiterbeteiligung	50

Geschäftsordnung für die Geschäftsführung — 51
a. Prozessablauf – Kommunikation, Beschluss und Ablage — 52
b. Typische Zustimmungspflichtige Geschäfte — 53
c. Atypische zustimmungspflichtige Geschäfte — 55
d. Muster einer Geschäftsordnung — 55
e. Zustimmungsvorbehalte für die Geschäftsführung — 57
   aa) Satzungsbestimmung bei einer GmbH — 57
   bb) Katalog zustimmungsbedürftiger Geschäfte — 59

Investor Relations — 61
a. Gesellschafterrechte gem. GmbH-Gesetz — 61
b. In der Praxis: Monatliche Reportings — 63
c. Board Management — 64

Good Governance für Geschäftsführer:innen — 65
a. Einberufung ordentliche/außerordentliche Gesellschafterversammlung — 65
b. Hinterlegungspflicht Bilanz und Buchführung — 66
c. Erstellung von Steuererklärungen — 66
d. Steueranmeldungen — 66
e. Pflicht zur Erhaltung des Stammkapitals — 67
f. Insolvenzantragspflicht und Zahlungsverbot — 67
   aa) Insolvenzantragspflicht — 68
   bb) Zahlungsverbote — 68
g. Rechtliche Grundlagen für die persönlich Haftung — 69

Hilfreiche Tools	79
a. Fides (www.fides.technology)	79
b. Bunch (www.bunch.capital)	80
c. Ledgy (www.ledgy.com) und Carta (www.carta.com)	80
Schutzrechte	81
a. Patente	81
b. Marke	82
c. Urheberrecht	83
d. Nachahmungsschutz	84
Allgemeine Geschäftsbedingungen	85
Websites	87
Exit der Gründer:innen	91
a. Gestaltungsmöglichkeiten	92
aa) Übernahme bzw. vollständiger Verkauf an strategische Investierende	92
bb) Trade Sale und Private Equity	92
cc) Leveraged Buyout (LBO)	93
dd) IPO: Börsengang	93
ee) Merger: Exit durch Zusammenschluss	93
ff) Timing	94
b. Typische Vertragsbausteine	94
aa) Kaufpreis und Zahlungsmodalitäten	95
bb) Gewährleistungen und Garantien	95
cc) Non-Compete-Klauseln	95
dd) Veräußerungsbeschränkungen	95
ee) Übergangsvereinbarungen	96
ff) Haftungsbeschränkungen	96
gg) Zustimmungserfordernisse und Freigabemechanismen	96

**Worst-Case-Szenario/Exit-Strategie/Streit
zwischen den Gesellschaftern** 97
a. Liquidation vs. Insolvenz 98
b. Haftungsrisiken in der Insolvenz 100
c. Streit zwischen den Gesellschaftern 102

Über die Autoren

Dr. Benedikt Quarch ist Unternehmer und Jurist. Er studierte Jura und Betriebswirtschaftslehre in Wiesbaden und Montréal. Für seine Leistungen beim ersten juristischen Staatsexamen zeichnete ihn die Justizministerin des Landes Hessen als besten Absolventen des Jahres 2016 aus. 2019 promovierte er an der EBS Law School, Wiesbaden. Seit 2017 ist Benedikt Quarch Co-Founder und Geschäftsführer des LegalTech-Unternehmens RightNow. Daneben ist Benedikt Quarch, der im Jahr 2020 als einer von Forbes „30 under 30" und im Jahr 2023 als einer von „JUVE 40 unter 40" ausgezeichnet wurde, Gründer der Initiative „Founders in Law", Autor verschiedener juristischer Fachbücher, Herausgeber der LegalTech Zeitschrift (LTZ) im Nomos-Verlag, Business Angel und Habilitand der Universität zu Köln.

Philippa Peters ist Rechtsanwältin und Gründerin und COO/CLO von Fides – einem LegalTech Software Unternehmen, das es Unternehmen ermöglicht, ihre Corporate Governance Workflows weltweit zu digitalisieren, zu zentralisieren und zu automatisieren. Ebenfalls engagiert sich Philippa Peters im Vorstand des Legal Tech Verbands Deutschlands. Zuvor hat sich Philippa als Anwältin in renommierten Kanzleien wie Noerr und Freshfields auf Gesellschafts- und Insolvenzrecht spezialisiert.

Dr. Dennis Geissler ist Rechtsanwalt in Frankfurt am Main und Partner der Kanzlei „Ferox Legal". Die Kanzlei bearbeitet ganz überwiegend gesellschaftsrechtliche Streitigkeiten (Gesellschafterstreit, Geschäftsführer- und Vorstandshaftung sowie Post-M&A-Streitfälle). Zuvor war er Partner einer international ausgerichteten größeren Anwaltskanzlei. Seine Mandanten sind u. a. Private Equity Fonds, aber auch für Gründer und Geschäftsleiter, die er insbesondere in Krisenszenarien begleitet. Daneben ist er selbst Start-Up-Investor und war am Aufbau vieler Start-Ups und anschließender Exits beteiligt. Dr. Dennis Geissler ist zum Zeitpunkt der Veröffentlichung dieses Werkes in verschiedenen Verbänden aktiv, u. a. im Verband der Familienunternehmer e. V.

Geschäftsidee

Jede Geschichte eines Unternehmens beginnt mit einer erfolgversprechenden Geschäftsidee. Diese hat ein konkretes Produkt oder eine Dienstleistung zum Gegenstand, die man zukünftig auf den Markt bringen und handeln möchte.

Nach der Entwicklung einer solchen Idee muss das Marktumfeld analysiert werden. Natürlich kann sich je nach Produkt die Vorgehensweise bei der Marktplatzierung unterscheiden. Schließlich wollen wir nicht Äpfel mit Birnen vergleichen. Nehmen wir dementsprechend also einmal an, Du willst in Zukunft Zitronen handeln. Dafür musst Du genau wissen, wer Deine Zuliefer:innen sind und welchen Kundenstamm Du ansprechen möchtest. Außerdem solltest Du Dir Gedanken darüber machen, wo Du Deine Zitronen verkaufen kannst und wie Du diese am effizientesten von A nach B bekommst. Weiterhin ist zu überlegen, wie gewinnbringend sich der Markt darstellt, also mit welchem Aufschlag gerechnet werden kann, wenn Du die Zitronen einkaufst und wieder verkaufst. Dies wird fachlich der theoretische Verkaufspreis genannt.

In einem nächsten Schritt muss Dein Wettbewerb miteinbezogen werden. Du fragst Dich also, wer noch im Markt des Zitronenhandels agiert und ob dies ein Großkonzern mit großer Marktmacht ist oder in Deinem Fall eine Marktlücke besteht. Hierfür musst Du zwischen zwei Produktgattungen differenzieren: Das Me-too-Produkt, welches ein Produkt beschreibt, das bereits auf dem Markt existiert und von dem Du eine weitere Variante anbietest, und das USP-Produkt, welches ein ganz neuartiges Produkt beschreibt und z. B. eine Mischung/Kreuzung aus einer Zitrone und einer Orange darstellen kann. Ein solches Produkt gibt es auf dem Markt noch nicht, ist somit einzigartig und wird fachlich unique selling proposition (einmaliger Verkaufsvorteil) genannt. Ein neu auf den Markt gebrachtes Produkt ist dabei in den meisten Fällen viel erfolgsversprechender als ein einfaches Me-too-Produkt, das es so oder so ähnlich bereits gibt.

Festzuhalten bleibt grundsätzlich folgende Frage: Was verkaufst Du zu welchem Preis an wen und wie?

Wenn Du also zunächst festgelegt hast, was Du überhaupt verkaufen möchtest, also die spezielle Geschäftsidee entwickelt hast, gehst Du von Deiner Grundidee über in die Feinplanung. Grundlage hierfür stellt der Marketingmix dar. Dieser besteht wiederum aus dem Produkt, der Distribution, der Preispolitik und dem Kommunikationsmix.

Das Produkt beschreibt unter anderem die bereits erläuterte Geschäftsidee. Weiterhin zählen dazu bestimmte Ausstattungselemente. Dabei ist insbesondere die Qualität von Bedeutung. Bei Deinen Zitronen würdest Du in dem Fall beispielsweise nur Premiumqualität anbieten (essbare Schale, Bioqualität, usw.). Weitere Komponenten der Ausstattungselemente wären der Kundendienst, die Menge, das Design und die Verpackung. All diese Faktoren ergeben schließlich Dein Endprodukt.

Weiter in Deine Planung einzubeziehen ist der Distributionsmix, welcher ein Synonym für den Vertriebs- bzw. Verkaufsweg ist. Du solltest Dich also fragen, wie Du Dein Produkt verkaufen möchtest. Bei Zitronen bietet sich der Verkauf über den Lebensmitteleinzelhandel, Obstgeschäfte, Discounter oder eventuell sogar das Internet an. Bei anderen Produkten käme z. B. noch der Fachhandel in Frage. Prinzipiell könntest Du Dein Produkt also direkt von den Hersteller:innen an die Endkund:innen verkaufen oder im Wege des B2B (business to business) an die Wiederverkäufer:innen.

Eine nächste Grundsatzfrage betrifft den Begriff der Preispolitik. Du musst Dir darüber im Klaren werden, wie teuer Du Dein Produkt anbieten kannst, damit es profitabel bleibt. Dir bei einer Zitrone das Ziel zu setzen, die teuerste Zitrone der Welt an den Mann zu bringen, wäre beispielsweise nicht sehr lukrativ, da die Verbraucher:innen einen hohen Preis für Zitronen voraussichtlich nicht akzeptieren werden.

Als letzten Schritt solltest Du Dich mit dem Kommunikationsmix beschäftigen. Dieser umfasst die Frage, welche Form von Werbung oder Öffentlichkeitsarbeit eingesetzt werden soll.

Nachdem Du auch diesen Schritt durchdacht und in Deine Planung mit einbezogen hast, kannst Du den ersten Punkt auf Deiner To-Do-Liste abhaken. Die grundlegenden Weichen, um Dein Produkt im Markt zu platzieren, sind gestellt.

Ein entscheidender Baustein fehlt aber noch: Was sind die rechtlichen Grundlagen einer Unternehmensgründung? Darum soll dieses Buch gehen.

Gründung

Nachdem wir die Entwicklung der essenziellen Geschäftsidee erläutert und verinnerlicht haben, fahren wir nun mit der Gründung Deines künftigen Unternehmens fort.

Dafür ist zunächst einmal erforderlich, dass Du Dich mit den, trotz des im Gesellschaftsrecht geltenden *numerus clausus*, verschiedenen Gesellschaftsformen beschäftigst. Dabei solltest Du ziemlich sorgfältig vorgehen. Ein Produkt alleine reicht nämlich nicht aus, um ein lukratives Geschäft zu führen. Vielmehr geht es darum, Dich in diesem Schritt selbst zu schützen. Schließlich benötigst Du eine gewisse Haftungsbegrenzung, da Dich ansonsten das gesamte finanzielle Risiko treffen könnte. Für den Fall, dass Du mit Deinem Produkt Schiffbruch erleidest, stehst Du vor einem Scherbenhaufen, den Du durch die richtige Gesellschaftsform entsprechend steuern bzw. einschränken kannst.

Bei der Festlegung der Gesellschaftsform musst Du jedoch nicht zögerlich oder gar unsicher sein. Die Entscheidung über Deine gewählte Rechtsform ist nicht final, sondern wird nach erfolgreicher Gründung in regelmäßigen Abständen überprüft. Falls Rahmenbedingungen einer Änderung unterlaufen, kann eine Anpassung vorgenommen werden.

a. Die Auswahl der für Dich richtigen Rechtsform

Eine pauschale Antwort darauf zu geben, für welche Rechtsform Du Dich bei Deinem Start-Ups entscheiden solltest, ist schwierig und hängt von vielen individuellen Faktoren ab. Demzufolge liegt es an Dir, erst einmal die Zweck- und Zielsetzungen Deines Start-Ups festzulegen. In einem weiteren Schritt bedarf es dann einer Auseinandersetzung mit den persönlichen Verhältnissen aller Beteiligten, wie diese zueinander stehen sowie einer umfangreiche Bestandsaufnahme über die das Unternehmen betreffenden Umstände. Diese lässt sich grundsätzlich in persönliche sowie wirtschaftliche Faktoren unterteilen. Behalte im Hinterkopf, dass die im Folgenden geschilderte Vorgehensweise nicht abschließend ist. Grundsätzlich gilt, im Rahmen der Suche nach der richtigen Gesellschaftsform individuell jene Faktoren zu identifizieren, welche geeignet sind, die Interessen der Beteiligten widerzuspiegeln.

Die persönlichen Faktoren umfassen individuelle Ziele aller Beteiligten, welche mit der Gründung des Start-Ups verfolgt werden. Um dies zu spezifizieren, sind die jeweiligen beruflichen sowie fachlichen Hintergründe (insbesondere mögliche, relevante Lizenzen) von Bedeutung. In einem weiteren Schritt bedarf es der Bestimmung des von den Beteiligten zur Verfügung gestellten Kapitals und ihrer eingesetzten Arbeitskraft. Hierbei ist es von besonderer Wichtigkeit, die im Unternehmen vorgesehene Hierarchie festzusetzen, um klare Positionen, Aufgaben und Rechte gegenüber anderen zu schaffen. In einem letzten Schritt solltest Du rechtliche Thematiken, insbesondere die Haftungsbereitschaft, beleuchten. Hierfür gilt es, die rechtlichen Grundlagen Deiner gewählten Gesellschaftsform jedem Beteiligten präzise zu erläutern, um späteren Missverständnissen vorzubeugen. Nachdem Du all diese aufgeworfenen Fragen erörtert hast, kannst Du hinter die persönlichen Faktoren einen Haken setzen.

Dann solltest Du Dich den wirtschaftlichen Faktoren zuwenden. Hierbei besteht eine leichte Überschneidung mit den persönlichen Faktoren, da die Frage aufgeworfen wird, wie viel Kapital dem Start-up zur Verfügung steht

Gründung

und insbesondere woher dieses stammt. Beachte, dass sich folgende Kriterien oftmals decken können und die Aufzählung nicht abschließend ist:

1. Finanzierung unter Berücksichtigung der laufenden Besteuerung
2. Vergütungen an Unternehmer:innen
3. Haftungsbegrenzung und Publizitätspflicht
4. Leitung, Überwachung, Mitbestimmung
5. Konzern
6. Unternehmenskauf, -verkauf
7. Immobilien im Unternehmensvermögen
8. Unternehmensnachfolge
9. Umwandlung
10. Gründungsaufwand
11. Internationale Aspekte

Nachdem diese Checkliste erfolgreich abgearbeitet wurde, sollten sich einige Gesellschaftsformen bei Deiner Entscheidungsfindung bereits eliminieren lassen. Für verbleibende Rechtsformen solltest Du in einem weiteren Schritt eine individuelle Gewichtung der jeweiligen Vor- und Nachteile vornehmen. Selbstverständlich solltest Du Dir vor Augen führen, dass Kompromisse typischerweise unvermeidbar sind. In jedem Fall ist allerdings zu beachten, dass Du in Deiner Rechtswahl teilweise gesetzlich eingeschränkt werden könntest. Dies kann sich aus dem Unternehmenszweck selbst oder aber aus der Struktur der Gesellschafter:innen ergeben, wobei bei einem Großteil der Start-Ups die von gerade diesen Einschränkungen betroffenen Unternehmenszwecke (unter anderem Apotheken, Versicherungen oder Bankunternehmen) nicht einschlägig sind. Bezüglich der Struktur der Gesellschafter:innen ist zu beachten, dass bei der Gründung eines Start-Ups durch eine einzelne Person gewisse Rechtsformen, wie zum Beispiel die GbR oder OHG, nicht wählbar sind. Demgegenüber ist die Errichtung einer GmbH als Einpersonengesellschaft möglich.

Im Folgenden sollen die einzelnen Gesellschaftsformen aufgezeigt werden. Hierzu bedarf es zunächst der Unterscheidung zwischen der Personengesellschaft und der Körperschaft. Im Anschluss wird der Fokus auf die GmbH/UG und die GbR gelegt, welche als die relevantesten Rechtsformen für Start-Ups gelten.

aa) Personengesellschaft vs. Körperschaft

Das erste, was Du Dir im Rahmen von Gesellschaftsformen vor Augen führen solltest, ist die grundlegende Unterscheidung zwischen der Personengesellschaft und der Körperschaft, welche das Innen- und Außenverhältnis betreffen, sich in der Praxis jedoch durch die Gestaltung der Gesellschaftsverträge beschränken lassen. Des Weiteren gibt es sogenannte Mischformen, die allerdings ebenfalls in die Kategorie der Personengesellschaften fallen.

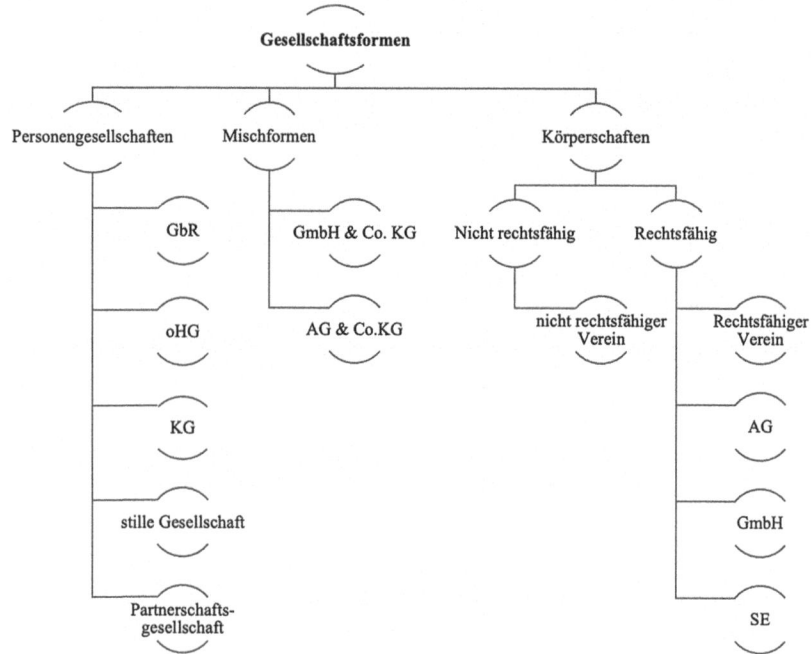

Personengesellschaften: GbR, OHG, KG
Körperschaften: Verein, GmbH/UG, AG, SE
Mischformen (Teil der Personengesellschaften): GmbH/UG & Co. KG, AG & Co. KG, GmbH & Co. KGaA, GmbH & Still, Partnerschaftsgesellschaft (PartG/PartGmbB)

Um uns eine genaue Vorstellung von Personengesellschaften machen zu können, wollen wir auf diese nun detaillierter eingehen.

Ihre gesetzliche Grundform ist die Gesellschaft bürgerlichen Recht (GbR), welche ihre Regelungen in den §§ 705 ff. BGB findet und als relevanteste Personengesellschaft im Rahmen der Unternehmensgründung gilt. Grundsätzlich ist die Personengesellschaft gegenüber ihren Mitgliedern lediglich ein ansatzweise verselbstständigter Personenverband.
Personengesellschaften werden durch folgende maßgebliche Prinzipien charakterisiert:

1. Geringere Mitgliederzahl, basierend auf persönlichem Vertrauen
2. Grundsätzliche Auflösung der Gesellschaft bei Ausscheiden von Gesellschafter:innen, §§ 723 ff. BGB
3. In der Regel gemeinsames Tätigwerden aller Gesellschafter:innen als Geschäftsführer:innen/Vertreter:innen (§ 715 BGB)
4. Grundsatz der Selbstorganschaft (nur Gesellschafter:innen können als Geschäftsführer:innen/Vertreter:innen agieren)
5. Grundsätzlich formloser Vertragsschluss zwischen den Mitgliedern im Rahmen der Entstehung
6. Unmittelbare Außenhaftung (Gesellschafter:innen haften für Schulden der Gesellschaft grundsätzlich unmittelbar mit ihrem Privatvermögen für Gesellschaftsverbindlichkeiten, vgl. § 721 BGB)
7. Anteilsübertragung grundsätzlich nicht vorgesehen (vgl. § 711 BGB), bei Einstimmigkeit oder entsprechender Regelung im Gesellschaftsvertrag jedoch möglich

Die gesetzliche Grundform der Körperschaften sind insbesondere die GmbH und die UG. Grundsätzlich ist die Körperschaft gegenüber ihren Mitgliedern eine verselbstständigte Verbandsperson. Im Folgenden findest Du eine weitere Auflistung, welche maßgebliche Prinzipien die Körperschaften ausmachen:

1. Der Bestand ist unabhängig von einem Wechsel der Mitglieder
2. Mehrheitsprinzip (Ausnahme: Satzungsänderung, regelmäßig ¾-Mehrheit erforderlich)
3. Drittorganschaft (Geschäftsführer:innen sowie Vertreter:innen müssen keine Gesellschaftsmitglieder sein)
4. Registrierungssystem (grundsätzlich ist neben Vertragsschluss die Eintragung in ein Register erforderlich)

5. Gesellschafter:innen schulden lediglich im Innenverhältnis ihre Einlage (darüber hinausgehende Haftung gegenüber Dritten besteht grundsätzlich nicht)

bb) Oftmals nicht relevante Rechtsformen

Bevor wir auf die GmbH/UG und die GbR weiter eingehen, soll an dieser Stelle kurz erläutert werden, welche Gesellschaftsform für die Existenzgründung eher abzulehnen ist.

Dies ist zum einen die Aktiengesellschaft (AG), die Dir wahrscheinlich bereits ein Begriff sein wird. Grundsätzlich nutzen lediglich eher große Unternehmen mit einem Gründungsgrundkapital von mindestens 50.000 € diese Rechtsform. Dabei wird das Grundkapital in Aktien zerlegt. Die Nachteile dieser Rechtsform finden sich insbesondere in der aufwendigen Planung, Finanzierung, Gründung und Organisation derselben. Weiterhin bedarf es einer doppelten Buchführung sowie einem Startkapital von mindestens 50.000 €. Ein weiterer Nachteil ist die Tatsache, dass für eine Gründung mindestens drei Gründer:innen erforderlich sind, ein Aufsichtsrat eingesetzt werden muss und ein niedriger Gestaltungsfreiraum herrscht, da ein strikter Rechtsrahmen existiert. Insgesamt kann für die Existenzgründung über eine Aktiengesellschaft also keine Empfehlung ausgesprochen werden.

Eine weitere – eher selten genutzte – Rechtsform für die Gründung von Start-Ups stellt die Private Limited Company by Shares (Ltd.) dar. Was auf den ersten Blick für viele Gründer:innen als Geheimwaffe erscheint (keine persönliche Haftung, minimales Eigenkapital, vermeintlicher Schutz vor Abmahnungen durch Sitz im Ausland, Steuervorteile einer Kapitalgesellschaft, geringer bürokratischer Aufwand bei der Gründung, geringes Haftungskapital) hat allerdings auch eine Kehrseite. Vor Abmahnungen schützt diese Rechtsform nämlich nicht. Weiterhin sind zahlreiche rechtliche Fragen, wie beispielsweise die Frage der persönlichen (Durchgriffs-)Haftung, ungeklärt. Die Ltd. als solche genießt bei den meisten Unternehmern insgesamt kein gutes Ansehen. Zudem sind in der Regel eine Unternehmensadresse sowie eine Vertretungsperson in England von Nöten. Bei einer schwerpunktmäßigen Tätigkeit in Deutschland wird das deutsche Insolvenzrecht herangezogen und es müssen immer beide Rechtssysteme (das deutsche sowie das englische Rechtssystem) betrachtet werden.

cc) GmbH

Die am weitesten verbreitete Gesellschaftsform in Deutschland ist die GmbH, die zum Stand des 01.01.2017 auf eine Anzahl von 1,22 Mio. in der Bundesrepublik geschätzt wurde (*Kornblum*, Bundesweite Rechtstatsachen zum Unternehmens- und Gesellschaftsrecht (Stand 1.1.2017), GmbHR 2017, 739).

Als Körperschaft ist sie eine eigene juristische Person (§ 13 Abs. 1 GmbHG), die autonom von den Gesellschafter:innen existiert. Unter Anwendung einschlägiger Umwandlungsgesetze kann die GmbH weiterhin mit anderen Rechtsformen verschmolzen werden, ihre Rechtsform wechseln oder aber in andere Rechtsformen gespalten werden, hinsichtlich welcher keine weiteren Einschränkungen bestehen.

Aufgrund ihrer Popularität soll die GmbH im Folgenden etwas genauer beleuchtet werden. In diesem Zuge wollen wir die Schwerpunkte auf die Gründung, Haftung, den Aufbau und die Besteuerung legen.

Die Gründung der GmbH ist grundsätzlich nicht auf bestimmte Zwecke begrenzt (§ 1 GmbHG) und erfolgt durch eine oder mehrere natürliche oder juristische Personen (§ 1 GmbHG) auf Basis eines zugrunde liegenden Gesellschaftsvertrags, der notariell zu beurkunden ist. In einem solchen Vertrag müssen Firma, Sitz und Gegenstand, Stammkapital und Höhe der Stammeinlage benannt werden. Das Mindeststammkapital einer GmbH unterliegt dabei dem Wert von mindestens 25.000 €. Zum Zeitpunkt der Gesellschaftsgründung ist es erforderlich, mindestens die Hälfte der Stammeinlage einzuzahlen (mindestens 12.500 €). Die Aufnahme neuer Mitglieder erfolgt entweder durch eine Abtretung der Anteile von Altgesellschafter:innen oder eine Kapitalerhöhung unter Ausgabe neuer Anteile. Beachte dabei, dass die Gesellschaft vertragliche Restriktionen hinsichtlich der Übertragung festlegen kann.

Hinsichtlich der grundsätzlichen Haftung der GmbH solltest Du beachten, dass die Gesellschaftsform über ihr eigenes Vermögen verfügt, mit welchem sie haftet und welches sich aus den Einlagen der Gesellschafter:innen zusammensetzt (§ 13 Abs. 2 GmbhG). Eine weitergehende persönliche Haftung mit dem Privatvermögen entfällt dagegen grundsätzlich, sofern die Beteiligten in dem Gesellschaftsvertrag zum einen keine (un)beschränkte Nachschusspflicht (§§ 26–28 GmbHG) vereinbart haben, der sie auf entsprechende Anforderungen nachzukommen verpflichtet sind, und die Mitglieder ihren jeweiligen Gesellschaftsanteil zur Verfügung gestellt haben (§ 27 GmbHG). Zum anderen dürfen keine an die Gesellschaft gewährten Darlehen der Beteiligten bestehen, da diese im Krisenfall nicht zurückverlangt werden können.

Die wichtigste Position innerhalb der Gesellschaft stellt die Position der Geschäftsführer:innen dar. Diese können im Rahmen einer GmbH grundsätzlich frei gewählt werden und müssen nicht zwingend Gesellschafter:innen sein (Grundsatz der Fremdorganschaft, § 6 Abs. 2 GmbHG). Auch die Anzahl der Geschäftsführer:innen, ob nur eine Person alleine oder mehrere gemeinschaftlich, ist frei wählbar (§ 6 Abs. 1 GmbHG). Ihre Aufgabe ist es typischerweise, nach innen die Geschäfte zu führen und die Gesellschaft nach außen hin zu vertreten. Das Gesetz geht dabei von dem Grundsatz der Gesamtgeschäftsführung und -vertretung aus (§§ 35, 36 GmbH), was in der Praxis jedoch häufig abgeändert wird.

Ein weiteres Organ der GmbH ist die Gesellschafterversammlung. Diese trifft die ihr durch das Gesetz und durch den Gesellschaftsvertrag zustehenden Entscheidungen. Typischerweise sind dies Grundlagenentscheidungen, wie beispielsweise die Änderung des Gesellschaftsvertrags, die Bestellung/Abberufung von Geschäftsführer:innen oder die Auflösung der Gesellschaft. Unter Umständen kann die GmbH weiterhin die Pflicht treffen, Organe wie einen Aufsichtsrat oder Beirat einzurichten. Dies ist insbesondere dann der Fall, wenn es sich um die Erfüllung des Betriebsverfassungsgesetzes bzw. des Mitbestimmungsgesetzes handelt.

Durch die Ausstattung mit einer eigenen Rechtspersönlichkeit werden Gewinne und Verluste der GmbH aus ihrer Tätigkeit ermittelt, welche einer Besteuerung unterliegen. Die Gesellschafter:innen haben daraufhin einen Anspruch auf den Jahresüberschuss bzw. Bilanzgewinn, sofern diese unter Berücksichtigung der Ergebnisverwendung erstellt wird (§ 29 Abs. 1 GmbHG). Im Beschluss über die Verwendung des Ergebnisses können die Beteiligten, wenn der Gesellschaftsvertrag nichts anderes bestimmt, sodann Beträge in Gewinnrücklagen einstellen oder ggfs. als Gewinn vortragen (§ 29 Abs. 2 GmbHG). Eine Verteilung erfolgt nach Verhältnis der Geschäftsanteile, obgleich im Gesellschaftsvertrag ein anderer Maßstab der Verteilung festgesetzt werden kann (§ 29 Abs. 3 GmbHG). Zudem können unterjährige Auszahlungen an die Mitglieder erfolgen, welche jedoch Abschlagszahlungen auf den erwarteten Gewinn darstellen müssen. Im Falle der Erwirtschaftung eines geringeren Gewinns werden Überzahlungen an die Gesellschaft rückerstattet. Als Formkaufmann unterliegt die Rechtsform den allgemeinen Bilanzierungs- und Bewertungsvorschriften der §§ 238 bis 263 HGB. Weiterhin sind ergänzende Vorschriften für Kapitalgesellschaften nach §§ 264 ff. HGB heranzuziehen, welche einen erweiterten Jahresabschluss unter Erstellung eines Anhangs und einen Lagebericht bestimmen.

Aufgrund der rechtlichen Selbstständigkeit der GmbH können die Beteiligten ohne Auswirkung auf ihren Bestand aus der Rechtsform ein- und austreten. Ein Wechsel der Gesellschafter:innen findet also nur auf Ebene der Mitglieder durch Abtretung des Anteils an der Gesellschaft statt, welche wiederum notariell beglaubigt sein muss.

dd) UG (haftungsbeschränkt)

Eine Untergruppe der GmbH stellt die UG (Unternehmergesellschaft) dar, welche keine eigene Rechtsform verkörpert.

Grund für die Schaffung der UG sind rechtspolitische Erwägungen. Die GmbH stand nämlich im Wettbewerb zu anderen europäischen Gesellschaftsformen (insbesondere der bereits angesprochenen Limited), welche dabei oftmals deutlich günstigere Gründungsvoraussetzungen hatten. Die UG kann nur durch Gründung entstehen, eine „Herunterstufung" einer GmbH zu einer UG ist ausgeschlossen. Das benötigte Stammkapital, exklusive Sacheinlagen, muss vor Eintragung erbracht werden.

Für die UG gelten prinzipiell die Vorschriften der GmbH, sofern durch § 5a GmbHG nicht etwas anderes bestimmt ist. Den Beteiligten kann jedoch die Möglichkeit eingeräumt sein, die Haftungsbeschränkung durch ein geringeres Stammkapital als 25.000 € herbeizuführen, sofern die Firma als „Unternehmergesellschaft (haftungsbeschränkt)" bezeichnet wird (§ 5a Abs. 1 GmbHG). Interessant ist hierbei, dass bereits eine Stammeinlage in Höhe von 1 € genügt! Bis der Betrag von 25.000 € erreicht ist, ist in den Jahren nach der Gründung kontinuierlich ein Viertel des Jahresgewinns einzubehalten. Im Falle einer drohenden Zahlungsunfähigkeit ist eine unverzügliche Gesellschafterversammlung einzuberufen (§ 5a Abs. 4 GmbHG).

ee) GbR

Unsere zuletzt zu beleuchtende Gesellschaftsform ist die bereits erwähnte GbR. Sie stellt die Grundform der Personengesellschaft dar und setzt zur Gründung die Erreichung eines bestimmten, nicht eingeschränkten Zwecks (§ 705 BGB) voraus.

Im Außenverhältnis ist die GbR nach einer Grundsatzentscheidung des BGH (BGH, NJW 2001, 1056) beschränkt rechtsfähig im Außenverhältnis, wodurch sie selbst potenziell nicht nur Gläubigerin und Schuldnerin von (vertraglichen oder gesetzlichen) Ansprüchen sein, dingliche Rechte erwerben und (bewegliche und unbewegliche) Sachen besitzen kann. Zudem ist sie nämlich selbst parteifähig und kann mithin im Rechtsstreit klagen und verklagt werden.

Interessant ist, dass die GbR auch für den Betrieb eines Kleingewerbes in Betracht kommen kann, sofern nach Art und Umfang der Geschäftstätigkeit ein in kaufmännischer Weise eingerichteter Geschäftsbetrieb nicht erforderlich ist (§ 1 Abs. 2 HGB), sodass ebenfalls der Betrieb eines gewerblichen Unternehmens möglich ist. Wichtig zu verstehen ist an dieser Stelle, dass der GbR die Eigenschaft als Kaufmann nicht zugesprochen werden kann, da die Rechtsform kein in kaufmännischer Weise eingerichtetes Unternehmen im Sinne des § 1 HGB betreibt.

Bezüglich der Gründung der GbR sind für Dich Formvorschriften grundsätzlich unbeachtlich. Im Einzelfall kann dies allerdings Ausnahmen unterliegen, beispielsweise wenn die Gründung unter Einbringung von Grundstücken oder Gesellschaftsanteilen erfolgt (§§ 311b BGB, 15 Abs. 3 GmbHG).

Als grundlegende Eigenschaft von Personengesellschaften wird auch der GbR das Prinzip der Selbstorganschaft zuteil. Die Geschäftsführung

(Innenverhältnis) sowie die Vertretung der Rechtsform (Außenverhältnis) finden ausschließlich durch die jeweiligen Gesellschafter:innen statt, wobei stets der Grundsatz der Gesamtvertretung (§ 715 BGB) gilt. Beachte aber, dass in der Praxis aus Praktikabilitätsgründen oftmals eine Einzelvertretung vereinbart wird (§§ 715 Abs. 4 BGB).

Das Vermögen der GbR ist grundsätzlich von dem Vermögen der Beteiligten getrennt. Dieses bildet demzufolge nach § 713 BGB ein eigenständiges Gesellschaftsvermögen, das für alle im Namen der Gesellschaft eingegangene Verbindlichkeiten haftet und in welches bei entsprechender Verurteilung auch vollstreckt werden kann (§ 722 BGB). Darüber hinaus gilt allerdings der Grundsatz der akzessorischen Haftung der Gesellschafter:innen (§ 721 BGB). Das bedeutet, dass die Mitglieder neben dem Gesamthandsvermögen der Gesellschaft persönlich mit ihrem gesamten Vermögen für die Verbindlichkeiten der GbR haften.

Weiterhin wird der Gewinn der GbR, sofern keine abweichende Vereinbarung getroffen wurde, nach den vereinbarten Beteiligungsverhältnissen (§ 709 Abs. 3 BGB) gehandhabt. Mangels entgegenstehender gesetzlicher Regelung können Entnahmen jederzeit erfolgen.

Auf Basis eines Gesellschafterbeschlusses können neue Mitglieder in die Gesellschaft eintreten sowie ausscheiden. Beachte aber, dass neu Eintretende stets auch für die vor ihrem Eintritt begründeten Verbindlichkeiten, also Altverbindlichkeiten, haften (§ 721a BGB). Eine solche Haftung kann ebenfalls ausscheidende Mitglieder treffen. Voraussetzung ist hierfür, dass vor ihrem Ausscheiden eingegangene Verbindlichkeiten bestehen und diese vor Ablauf von fünf Jahren nach Eintragung des Ausscheidens im Handelsregister fällig werden (§ 160 Abs. 1 Satz 1 HGB). Die Umwandlung in eine Kapitalgesellschaft ist dagegen nur durch Einzelrechtsnachfolge in Form einer Übertragung der Wirtschaftsgüter der GbR auf eine GmbH möglich.

ff) Aktuelle Anpassungen, insbesondere Einführung der eGbR

Zum 1. Januar 2024 wurde das Personengesellschaftsrecht umfassend reformiert. Die wichtigste Neuerung ist die Einführung der eGbR, also der (im Gesellschaftsregister) eingetragenen GbR (vgl. § 707 BGB). Erstmals wurde vom Gesetzgeber in diesem Zuge ausdrücklich die Rechtsfähigkeit der GbR anerkannt. Die eGbR erleichtert unter anderem die Eigentumsübertragung und ermöglicht eine einfachere Eintragung ins Grundbuch. Zudem wird das Innenverhältnis der Gesellschafter:innen modernisiert, wobei größere Flexibilität und klarere Strukturen im Fokus stehen. Die Reformen zielen darauf ab, die Rechtssicherheit zu erhöhen und die eGbR attraktiver für kleinere Unternehmen und professionelle Partnerschaften zu gestalten.

b. Notwendige Unterlagen

Neben der Festlegung der Gesellschaftsform und der entsprechenden Gründung, musst du in der Regel eine Anzeige beim Gewerbeamt vornehmen. Um un Dein Start-up ordnungsgemäß als Gewerbe anzumelden, bedarf es einiger Unterlagen und Dokumente, die je nach Art des Gewerbebetriebs abweichen können. Beispielhaft soll hier die Gewerbeerlaubnis (§ 34c GewO) aufgezählt werden. Davon abweichend und nicht anmeldepflichtig sind Tätigkeiten im Bereich der freien Berufe, der Wissenschaft und der Land- und Forstwirtschaftsbranche.

Bei der Anmeldung selbst solltest Du folgende Unterlagen bereithalten:

- Personalausweis bzw. Reisepass mit Meldebescheinigung
- Antrag zur Gewerbeanmeldung
- Handelsregisterauszug (lediglich für Kapitalgesellschaften oder OHG)
- Aufenthaltserlaubnis (lediglich für aus dem Ausland stammende Gründer:innen)

Bei erlaubnispflichtigen Gewerben können zudem noch folgende Dokumente essenziell werden:

- Unbedenklichkeitsbescheinigung vom Finanzamt
- Amtsärztliche Bescheinigungen
- Gaststättenerlaubnis
- Polizeiliches Führungszeugnis

Finanzierung

a. Strategische Entscheidungen

Ein Unternehmen lässt sich leider nicht nur aus Luft und Liebe aufbauen, in jedem Fall brauchst Du die notwendigen finanziellen Mittel. Wie viel und von wem das kommen soll, unterscheidet sich mit der Frage, welche Art von Unternehmen Du aufbauen möchtest, wie sich Deine aktuelle Situation darstellt, welche Industrie Du anstrebst und was Deine persönlichen Ziele sind.

aa) Bootstrapping vs. externes Kapital

Du wirst wahrscheinlich schon häufig Meldungen über Startups gelesen haben, die horrende Summen von Investor:innen einsammeln und hattest dabei beinahe das Gefühl, dass das der einzige Weg sei, ein erfolgreiches Start-up aufzubauen. In diesem Zuge gibt es eine gute Nachricht für Dich: Dem ist keinesfalls so! Vielmehr gibt es unzählige prominente Beispiele, die erst eine Zeit lang gebootstrapped und erst reichlich später Kapital aufgenommen haben, wie z. B. Celonis. Das Unternehmen verkörpert mittlerweile das wertvollste Startup Deutschlands und hat sich zu Beginn fünf Jahre von Beratungsprojekten selbstfinanziert „gebootstrapped". Dank des Bootstrappings halten die Gründer:innen heute noch die Mehrheit, also über 50 % an ihrem Unternehmen und sind jeweils stolze mehrfache Milliardäre (https://www.manager-magazin.de/unternehmen/tech/celonis-wie-deutschlands-wertvollstes-start-up-zum-konzern-werden-will-a-6d29def1-b876-422f-9d19-cdc7fa87fffe).

bb) Bootstrapping – Deine wichtigsten Fakten

Bootstrappen bedeutet keinesfalls, gar kein Kapital zu brauchen. Auch bei gebootstrappten Firmen investieren die Gründer:innen, nur eben ihr eigenes Geld, ihre Arbeitszeit oder das Geld, was etwa durch Beratungsprojekte verdient wird. Man kann auch noch von Bootstrapping sprechen, wenn in einer „Friends & Family"-Runde im fünfstelligen Bereich Gelder investiert werden. In jedem Fall geht man als gebootstrapptes Unternehmen durch, solange keine institutionellen Kapitalgeber an Bord genommen oder höhere sechsstellige Summen von Privatinvestor:innen angenommen werden.

Deine Vorteile hinsichtlich Bootstrappings
- Du gibst keine bzw. erst zu einem späteren Zeitpunkt Anteile ab, die im Vergleich zu einer Abgabe zu Beginn Deiner Firmengeschichte deutlich geringer ausfallen.
- Dich trifft nicht die Pflicht, regelmäßig an Investor:innen zu berichten.
- Es existieren keine fremden Mitspracherechte bezüglich Strategie und Geschäft sowie weitere Zustimmungsbedürftigkeit Deiner Geldgeber.
- Dein organisches Wachstum kann nachhaltiger sein als finanziertes Wachstum und veranlasst Dich, schnell den Produkt-Market-Fit zu finden.

Deine Nachteile hinsichtlich Bootstrappings
- Durch das beschränkende Haushalten gehst Du eventuell nicht gleichermaßen ins Risiko.

- Du musst mit weniger Investitionen bezüglich Deiner Mitarbeiter:innen, Tools, Marketing, etc. rechnen
- Auf Dir lastet ein erhöhter Druck, da die eigene Arbeitskraft als Gründer:in der größte Hebel ist, das Unternehmen voranzubringen.
- Du solltest mit der Folge rechnen, dass Dein Unternehmen eher langsamer wächst und Dich damit abfinden, anfangs auf viele Annehmlichkeiten zu verzichten, z. B. ein angemessenes Gehalt für die Gründer:innen.

Für manche Geschäftsmodelle kann Bootstrapping auch per se gar nicht erst in Frage kommen. Dies nämlich grundsätzlich dann, wenn für Dich hohe Anfangsinvestitionen nötig sind, z. B. weil zu Beginn ein bis zwei Jahre ein Produkt entwickelt werden muss, bevor Kund:innen und Umsätze verzeichnet werden können oder wenn Du als nicht-technischer Gründer:in über eine Agentur oder externe Entwickler:innen die Produktentwicklung in Auftrag gibst. Je nachdem, wie aufwändig und komplex Dein Produkt ist, können hierfür mehrere Hunderttausend Euro Kosten anfallen. Ebenso macht Bootstrapping weniger Sinn, wenn Du ein asset-heavy Geschäftsmodell verfolgst und bspw. eine Produktionshalle, Labor, etc. benötigst.

In jedem Fall sollte auch beim Bootstrapping eine Kapitalgesellschaft (siehe oben UG, GmbH, etc.) gegründet werden, sodass Du Deine persönliche Haftung beschränkst.

b. Externes Kapital

Mittlerweile ist es gang und gäbe, dass institutionelle Investor:innen bereits in der sogenannten **Pre-Seed Phase** ein Gründerteam mit ihrer Idee finanzieren. Idealerweise kannst Du zu diesem Zeitpunkt bereits ein MVP (Minimum Viable Product) oder eine andere Art von Nachfrage (z. B. erste User, Kundenverträge oder Letter of Intents) vorweisen, wenngleich es ebenfalls Fälle gibt, in denen das Team als solches überzeugt und somit die Idee in Form eines Pitchdecks im Hinblick auf ein Investment überzeugend ist.

Für viele Gründer:innen ist es attraktiv, sich schon früh von Investor:innen „VC Money zu holen", also sich finanzieren zu lassen. Meistens bewegt sich die Pre-Seed Finanzierung in einer Höhe von ein paar Hunderttausend Euro bis hin zu ein – bis zwei Millionen Euro. Die Startfinanzierung erlaubt dabei, mit Vollgas in die nötigen Ressourcen zu investieren, um das Unternehmen aus der Taufe zu heben. Das Geld von diesen Investor:innen erhältst Du im Gegenzug für Anteile an dem frisch gegründeten Unternehmen. Dies wird in der Pre-Seed Phase meist durch ein Wandeldarlehen oder durch eine direkte Beteiligung als Gesellschafter:in gestaltet.

Deine Vorteile von externem Kapital
- **Schnelleres Wachstum:** Durch den Zugang zu externem Kapital kann Dein Start-up schneller wachsen und größere Investitionen in Marketing, Entwicklung und Skalierung tätigen.
- **Ressourcenzugang**: Externe Investoren:innen können nicht nur Kapital, sondern auch Ressourcen, Netzwerke und Fachkenntnisse einbringen, die Deinem Start-up bei der Entwicklung und Umsetzung seiner Geschäftsstrategie helfen können.
- **Risikoteilung:** Externe Investor:innen tragen einen Teil des finanziellen Risikos, was Dir eine gewisse finanzielle Sicherheit geben kann.
- **Bessere Ausstattung:** Durch externe Finanzierung kann Dein Start-up besser ausgestattet sein, um auf Marktveränderungen zu reagieren und sich gegenüber Wettbewerbern zu behaupten.

Deine Nachteile von externem Kapital
- **Verwässerung der Gründeranteile:** Mit jeder Finanzierungsrunde erhalten die Investor:innen neue Anteile, was zu einer schrittweisen Verringerung Deines Eigentumsanteils führen kann.
- **Abhängigkeit von Investoren:innen:** Ein auf externe Finanzierung angewiesenes Start-up kann in gewissem Maße von den Erwartungen und Anforderungen der Investoren:innen abhängig sein, was häufig zu Beeinträchtigungen der unternehmerischen Freiheit führt.
- **Hoher Wettbewerb um Kapital:** Der Prozess der Kapitalbeschaffung kann wettbewerbsintensiv und zeitaufwändig sein und nicht alle Start-ups sind erfolgreich darin, externe Investoren:innen zu gewinnen.

c. Unterschied Angels und VC

Der schöne englische Begriff des „Angel Investor", kurz Angel, hat sich auch in Deutschland durchgesetzt und meint eine Privatperson, die sich mit ihrem Privatvermögen an einem Startup als Gesellschafter:in beteiligt. Eine sogenannte Angelrunde ist meist gleichbedeutend mit der Pre-Seed Runde, also das erste externe Kapital, was zufließt. Demgegenüber ist die VC-Runde relevant, wobei „VC" für Venture Capital, also Risikokapital steht. VCs sind professionelle, institutionelle Investoren, die in der Regel größere Summe als Angel Investoren investieren. Neben Kapital bieten VC-Investoren häufig auch strategische Beratung, Branchenexpertise und Netzwerkkontakte an, um das Wachstum und den Erfolg Deines Unternehmen zu fördern. Auf Anlegerseite steht fest, dass die Risiken in dieser Investmentform hoch sind, da viele Start-ups scheitern.

d. Das Wandeldarlehen/Convertible Loan

In einer Pre-Seed Runde ist es üblich, die erste Finanzierung über ein Wandeldarlehen einzusammeln. Dies bietet den Vorteil, dass Du Dir den Gang zum Notar sparst, da Du nicht direkt Geschäftsanteile überträgst. Zunächst sollten wir uns aber erst einmal damit befassen, was überhaupt ein Wandeldarlehen (oder im Englischen ein **„Convertible Loan"**) ist.

Ein Wandeldarlehen ist eine spezielle Form der Unternehmensfinanzierung, bei der ein:e Investor:in Geld in Form eines Darlehens zur Verfügung stellt. Der besondere Clou: Dieses Darlehen wird erst zum Zeitpunkt der nächsten Finanzierungsrunde in Unternehmensanteile umgewandelt. Anders als bei klassischen Darlehen, bei denen Du Zinsen zahlst, hat der:die Investor:in hier die Option, die Darlehenssumme in Unternehmensbeteiligungen zu wandeln. Dies bietet Vorteile für beide Seiten: Investorin:innen bekommen die Chance, am Erfolg Deines Unternehmens teilzuhaben, und Du als Gründer:in erhältst dringend benötigtes Kapital, welches Du nicht in Cash zurückzahlen musst.

Dein Vorteil eines Wandeldarlehens
- **Schnelle und unbürokratische Abwicklung:** Dadurch, dass Du bei Abschluss eines Wandeldarlehens nach gängiger Praxis nicht zum Notar gehst, ist es ausreichend, den Wandeldarlehensvertrag von beiden Seiten zu unterschreiben.

Dein Nachteil eines Wandeldarlehens
- **Rechtssicherheit:** Grundsätzlich bedarf es nach dem GmbHG bei der Übertragung von GmbH-Anteilen der notariellen Form. Wird diese nicht eingehalten, so ist der Vertrag formell nichtig. Bei einem Wandeldarlehen wird zwar nur mittelbar ein Vertrag über die Übertragung von Anteilen geschlossen, jedoch gibt es Jurist:innen, die der Meinung sind, dass auch bei einer solchen mittelbaren Übertragung eine notarielle Form für die Wirksamkeit des Vertrages notwendig ist. Dies hört sich erst einmal problematisch an, in der Praxis wird diese Rechtsunsicherheit jedoch meist zugunsten der Schnelligkeit ignoriert.

Eine Vorlage für ein Wandeldarlehen kannst Du bei dem German Standard Settings Institute (GESSI) über diesen Link https://standardsinstitute.de/standardvertraege/wandeldarlehen herunterladen.

Beim Entwerfen eines Wandeldarlehens sind folgende Punkte für Dich besonders entscheidend:

1. **Cap und Discount**
   Cap: Die „**Valuation Cap**" bedeutet die Bewertung des Unternehmens, zu welcher in der nächsten Finanzierungsrunde gewandelt wird.
   Discount: Der Discount für den Investor auf die Bewertung der nächsten Finanzierungsrunde (üblich sind ca. 20–30 %).
   Es können auch Discount und Cap zusammen in einem Wandeldarlehensvertrag vereinbart werden. Dann wandelt das Darlehen zu der geringeren Valuation.
2. **Zwangswandlung**
   Die meisten Angels werden darauf achten, dass eine Zwangswandlung des Anteils im Wandeldarlehen vereinbart wird, auch wenn in einem gewissen Zeitraum (zum Beispiel ein bis zwei Jahre) keine Finanzierungsrunde stattgefunden hat.

3. **Rangrücktritt**
Ein Rangrücktritt wird Dir helfen, dass das Wandeldarlehen nicht als „Schulden" auf Deiner Bilanz auftritt und Du möglicherweise dadurch in die Insolvenz rutscht. Achte darauf, einen „qualifizierten Rangrücktritt" zu haben. Am besten fragst Du hierzu einen befreundeten Anwalt, damit Du auf der sicheren Seite bist.

e. Pooling von Angels

Sammelst Du mit Deinem Start-up über mehrere Runden Geld ein, so erhöht sich die Anzahl der Gesellschafter naturgemäß. Ab einem gewissen Punkt wird es ein nicht zu stemmender Aufwand, den Unterschriften aller Gesellschafter für einen einfachen Gesellschafterbeschluss hinterherzujagen. Der Gesellschafterbeschluss für die Feststellung des Jahresabschlusses kann so schon mal Monate dauern, da der ein oder andere Angel sich nach Ibiza abgesetzt hat und für diese Zeit seine Mails nicht checkt. Auch wird das Ausverhandeln der nächsten Runde zu einem Alptraum, wenn mehr als zehn Parteien Verträge aushandeln möchten. Um diese Szenarien zu verhindern, ist es ratsam, so früh wie möglich seine Gesellschafter zu poolen. Pooling bedeutet Mechanismen zu implementieren, um die Anzahl der abstimmenden Parteien zu reduzieren. In der Praxis werden häufig die Angels gepoolt, da diese meist den geringsten Anteil am Unternehmen halten.

Für das Pooling von Angels haben sich drei unterschiedliche Möglichkeiten etabliert: 1) Der Stimm-Pool, 2) Die Treuhandlösung und 3) Das Gründen einer Pool-Gesellschaft.

aa) Stimm-Pool

Die einfachste Variante für Dich stellt der sogenannte Stimm-Pool dar, bei dem mehrere Aktionäre intern vereinbaren, ihre Stimmen nach den Ergebnissen interner Abstimmungen einheitlich abzugeben. Rechtlich gesehen bedeutet das, dass die gepoolten Angels eine:n Pool-Führer:in bestimmen und diesen bevollmächtigen, für den Pool nach außen hin abzustimmen, um diesen zu vertreten. Das bedeutet, der gesamte Pool stimmt mit derselben Entscheidung ab. Im Pool selbst muss diese Entscheidung jedoch zunächst durch eine interne Entscheidung ermittelt werden. Dies bedeutet wiederum, dass der administrative Aufwand bei dieser Lösung immer noch relativ hoch sein kann.

Stimm-Pools sind sehr einfach zu implementieren, da es lediglich einer Vollmacht der gepoolten Angels bedarf, die Nutzung ist jedoch häufig begrenzt. Zum einen sind die Mitglieder unverändert direkte Gesellschafter:innen der Gesellschaft und stehen als solche auch im Handelregister und im Rubrum eines jeden Shareholder Agreements. Als solche sind sie auch weiterhin frei, sich nach außen hin so zu verhalten, wie sie wollen, also auch abweichend der Pool-Regelungen zu stimmen.

Nur im Innenverhältnis des Pool-Vertrages können sie sich schadensersatzpflichtig machen, wofür es jedoch zunächst eines konkreten feststellbaren Schadens bedarf. Um das Risiko des abgestimmten Stimmsverhaltens zu reduzieren, gibt es hin und wieder mehr oder weniger hart ausgestaltete Vollmachten für Pool-Führer:innen, die diesem auch die unmittelbare Autorität geben sollen, statt des Pool-Mitglieds nach außen selbstständig zu wirken.

bb) Treuhandlösung

Eine andere Möglichkeit Angels zu poolen ist die sogenannte Treuhandlösung. Bei einer Treuhandlösung übernimmt ein Treuhänder von dem wirtschaftlich Berechtigten (= dem Angel) in einer verwaltenden Rolle den großen Teil der Eigentumsrechte des Treuguts (= Anteile des Unternehmens) und tritt nach außen wie der:die Eigentümer:in auf.

Hierfür bedarf es eines Treuhandvertrags, welcher bei GmbH-Anteilen notariell beurkundet werden und den zuständigen Finanzämtern zu melden ist. Bunch, ein Start-up (www.bunch.capital), hat sich auf diese Lösung spezialisiert und agiert als Treuhänder für Start-ups mit einer Vielzahl von Angels.

Die Treuhandlösung führt dazu, dass Treuhänder:innen statt der Angels in der Gesellschafterliste Deines Start-ups erscheint. Sie ersetzen den Angel in allen typischen Absimmungsabläufen im Unternehmen sowohl bei Gesellschafterbeschlüssen als auch Prozessen nach dem Shareholder Agreement.

Wenn diese Treuhand richtig aufgesetzt ist, so kann diese steuerneutral sein. Dies bedeutet, dass bei einem eventuellen Exit-Erlös, der erstmal an den Treuhänder ausgeschüttet werden würde, im Innenverhältnis, also ohne Abzug einer Steuerlast auf dieser Ebene, an den Treugeber weitergereicht werden kann. Der Treugeber (= der Angel) hat dann den Exit Erlös 1:1, als wäre er direkt beteiligt gewesen, zu versteuern.

ACHTUNG Für den Fall, dass Deine Angels den INVEST-Zuschuss der BAFA beantragt haben, werden sie nicht sehr glücklich über diese Lösung sein. Der INVEST-Zuschuss setzt voraus, dass der geförderte Angel mindestens drei Jahre lang seine Anteile selbst hält. Bei der Treuhandlösung wäre dies gerade nicht der Fall. Dies bedeutet, dass der Angel den INVEST-Zuschuss wieder zurückzahlen müsste. Die Treuhandlösung und auch die Pool-Gesellschaft wäre demnach nur, nachdem der Angel drei Jahre lang seine Anteile gehalten hat, möglich. In Betracht kommt hier also nur die Option des Stimm-Pools.

Neben der INVEST-Problematik sind ebenfalls die steuerlichen Grenzen zu beachten. Um die Steuertransparenz zu erhalten, ist es essenziell, dass das Treuhandverhältnis nicht zu stark ausgestaltet ist. Dies heißt wiederum, dass der Angel noch ausreichend Rechte behält, um den Charakter einer Firmenbeteiligung zu einem gewissen Grad aufrechtzuerhalten.

Dieser Charakter kann dadurch aufrechterhalten werden, dass das Stimmrecht des Treuhänders nach außen hin nicht vollständig von Weisungen des Treugebers im Innenverhältnis an den Treuhänder entkoppelt wird. Der Treuhandvertrag sollte also einen Mechanismus vorsehen, mit dem der Treugeber bei Abstimmungsentscheidungen im Innenverhältnis (so wie beim Stimm-Pool) um eine Entscheidung und damit Weisung gebeten wird, bevor der Treuhänder dann nach außen hin abstimmt. Diese Durchführung der Weisungsanfrage sollte hinreichend dokumentiert werden.

Für die Dokumentation von Weisungsanfragen und das Durchführen der Gesellschafterbeschlüsse, hat Fides (www.fides.technology) eine gute Lösung gefunden. Fides bietet Dir Vorlagen für diese Gesellschafterbeschlüsse und Weisungsanfragen. Du kannst damit den kompletten Vorgang über das Erstellen, die Abstimmung und das Dokumentieren der Ergebnisse über Fides automatisch abwickeln. Dadurch sparst Du Dir die Anwaltskosten, die Du ansonsten für eine rechtssichere Erstellung und Dokumentation ausgeben müsstest.

cc) Pool-Gesellschaften

Die Premium-Lösung für das Pooling ist das Gründen einer Pool-Gesellschaft. Hierbei handelt es sich um eine eine Gesellschaft, die die gesamte Anzahl der gepoolten Anteile an dem Start-up hält. Die Angels wiederum halten im Verhältnis zu ihrer Beteiligung Anteile an der Pool Gesellschaft.

ACHTUNG Bei der Pool-Gesellschaft gilt das oben Gesagte hinsichtlich des INVEST-Zuschusses.

Hier kann die Pool-Gesellschaft natürlich auch jegliche Gesellschaftsform annehmen. Die Wahl der jeweiligen Gesellschaftsform hat wie immer ihre Vor-und Nachteile:

dd) UG (haftungsbeschränkt) oder GmbH

Die UG oder GmbH als Pool-Gesellschaft sind üblich für das Poolen von ca. 10 Parteien. Der Nachteil hierbei ist jedoch, dass in einem Exit-Fall nach der aktuellen Gesetzeslage eine effektive Steuerlast von circa 1,5 % auf den Exit-Erlös anfallen würde.

ee) GmbH & Co. KG

Bei größeren Pools bietet sich das Aufsetzen einer GmbH & Co. KG an. Der Vorteil einer GmbH & Co. KG ist, dass der Pool über eine rein vermögensverwaltende KG steuertransparent bleibt, also keine Versteuerung auf Ebene der Pool-Gesellschafter:innen erfolgt, sondern lediglich auf Ebene der beteiligten Investoren. Ebenfalls können Mitspracherechte und Abläufe zur Beschlussfassung im KG-Vertrag im Gegensatz zum Gesellschaftsvertrag der GmbH umfassend und fast beliebig flexibel geregelt werden.

ff) GbR

Zudem als Pool-Gesellschaft agieren, kann eine GbR. Die Vorteile der GbR sind, dass die Einrichtung und der Betrieb einer GbR einfacher und günstiger sind als bei einer GmbH. Ferner ist eine GbR wie auch die KG steuerneutral. Nicht zu übersehen sind jedoch auch damit einhergehende Nachteile:

Zum einen haften alle Gesellschafter:innen einer GbR uneingeschränkt für alle Geschäfte der GbR. Jeder:jede Gesellschafter:in einer GbR kann seine Beteiligung kündigen. Dies führt zwangsläufig zur Fragestellung, wie im Anschluss mit den anderen anteilig gepoolten Anteilen an dem Start-up und damit dem ganzen Shareholder Agreement Framework umzugehen ist.

Zusammengefasst wäre das Aufsetzen einer Pool-Gesellschaft für Dich nur dann ratsam, wenn es sich um sehr viele zu poolende Gesellschafter:innen handelt, Du im Start-up eine Person hast, die das juristische Verständnis zum Leiten einer solchen Pool-Gesellschaft hat und ihr euch sicher seid, dass dies steuerrechtlich keine nachteiligen Implikationen hat.

f. Zusammenfassung Vor- und Nachteile der Pooling-Lösungen

Die Wahl des Pooling-Mechanismus hängt von Deinen individuellen Bedürfnissen und steuerlichen Überlegungen ab. Es ist ratsam, sich frühzeitig mit dem Thema zu beschäftigen, um die Gesellschafterstruktur agiler zu gestalten und potenzielle Probleme im Vorfeld von Finanzierungsrunden oder Exits zu verhindern. Ein gut durchdachtes Pooling kann dazu beitragen, die Komplexität in einem wachsenden Gesellschafterkreis zu reduzieren und Investoren zu schützen. Nachfolgend sind Deine Vor-und Nachteile der einzelnen Lösungen noch einmal zusammengefasst.

Art der Lösung	Vorteile	Nachteile
Stimm-Pool	• kostengünstigste Alternative schnell umgesetzt	• Angels können weiterhin nach außen hin agieren und wären nur im Innenverhältnis schadensersatzpflichtig • Relativ hoher administrativer Aufwand
Treuhandlösung	• Angels sind nicht mehr auf dem Cap Table und haben daher auch nach außen hin wenig Rechte	• Treuhandvertrag muss notariell beurkundet werden • Kosten für Treuhänder:innen fallen an • INVEST-Zuschuss müsste zurückgezahlt werden, wenn die Treuhandlösung in den ersten drei Jahren nach dem Erhalt der Anteile durch die Angels etabliert wird
Pool-Gesellschaft	• Angels sind nicht mehr auf dem Cap Table und haben daher auch nach außen hin keine Rechte	• INVEST-Zuschuss müsste zurückgezahlt werden, wenn die Treuhandlösung in den ersten drei Jahren nach dem Erhalt der Anteile durch die Angels etabliert wird • Teuerste Lösung • Hoher administrativer Aufwand

g. Finanzierungsrunde mit einem VC

Nun wollen wir uns damit befassen, was es für Dich bei einer Finanzierungsrunde mit einem professionellen Investor zu beachten gilt, bei welchen Punkten Vorsicht geboten ist und was Du persönlich als Ergebnis anstreben solltest.

aa) Term Sheet – was ist das und was sollte drin stehen?

Das Term Sheet ist ein entscheidendes Dokument in der Anfangsphase einer Finanzierungsrunde mit einem Venture Capitalist (VC). Es handelt sich um eine Zusammenfassung der Hauptbedingungen der vorgeschlagenen Investition und dient als Rahmen für die anschließenden Vertragsverhandlungen. Während das Term Sheet meist nicht rechtlich bindend ist, bildet es eine wichtige Grundlage für die Erstellung der endgültigen, bindenden Verträge. Es sollte folgende Schlüsselelemente enthalten:

- **Unternehmensbewertung und Investitionsbetrag:** Dies beinhaltet die Prä- und Post-Money-Bewertung des Unternehmens sowie den Betrag, den der VC zu investieren plant.
- **Art der Anteile:** Bestimmung, ob es sich um Stammgeschäftsanteile, Vorzugsanteile oder andere Anteile handelt.
- **Verwässerungsschutz:** Schutzklauseln für Investoren gegen Verwässerung ihrer Anteile bei zukünftigen Kapitalerhöhungen.
- **Mitarbeiterbeteiligungsplan:** Angaben zum vorhandenen oder geplanten Mitarbeiterbeteiligungsplan (ESOP).
- **Stimmrechte und Kontrollmechanismen:** Festlegung, welche Stimmrechte die Investoren erhalten und ob sie einen Sitz im Vorstand oder ähnliche Kontrollrechte haben.
- **Meilensteine und Bedingungen:** Definierte Geschäftsziele, die das Unternehmen erreichen muss, und Bedingungen, unter denen die Finanzierung erfolgt.
- **Informations- und Prüfungsrechte:** Rechte der Investoren, regelmäßige finanzielle und betriebliche Informationen zu erhalten.
- **Vertretung und Garantien:** Zusicherungen des Unternehmens über den aktuellen Stand und die Richtigkeit wesentlicher Geschäftsinformationen.
- **Exklusivitätsklausel:** Verpflichtung des Unternehmens, für eine bestimmte Zeit keine Finanzierungsgespräche mit anderen Parteien zu führen.
- **Vertraulichkeitsvereinbarung:** Vereinbarung zum Schutz sensibler Informationen, die während der Verhandlungen ausgetauscht werden.

Das Term Sheet sollte klar und präzise formuliert sein, um Missverständnisse zu vermeiden. Es ist ratsam, bei der Erstellung und Bewertung eines Term Sheets rechtlichen und finanziellen Rat einzuholen, um sicherzustellen, dass die Interessen Deines Unternehmens und Deiner Gründerkollegen angemessen berücksichtigt werden.

bb) VSOP: Wer gibt Anteile ab?

Ein großer Streitpunkt ist regelmäßig, von wessen Anteilen der Pool für die Mitarbeiter:innen abgezogen wird (dazu in Belegschaft). Investor:innen wollen dies meist von den Gründer:innen zugesichert haben. Als Gründer:in hast Du hier aber Verhandlungsspielraum, den Du auch nutzen solltest. Idealerweise tragen Gründer:innen und Investor:innen den Pool für Mitarbeiteranteile 50:50.

cc) Finanzierung gekoppelt an Meilensteine

Teils schlagen Investor:innen vor, dass Teile der Finanzierungssumme an bestimmte Meilensteine gekoppelt werden, z. B. sobald ein Produkt fertig entwickelt wurde oder sobald ein bestimmter Umsatz oder eine bestimmte Anzahl an Nutzer:innen erreicht wurde. Von diesem Vorgehen kann nur abgeraten werden, auch wenn Du Dir als Gründer:in zu dem Zeitpunkt der Verhandlung sicher bist, dass Du diese Meilensteine erreichen wirst. Falls Du es nicht schaffst, den Investor von Meilensteinen abzubringen, solltest Du bei der Formulierung der Meilensteine darauf achten, dass diese klar definiert sind, damit es anschließend nicht zum Streit darüber kommt, ob die Meilensteine erfüllt sind oder nicht.

dd) Liquidation Preferences

Liquidation Preferences sind ein kritisches Element in den Verhandlungen mit VCs und stellen sicher, dass die Investoren ihr investiertes Kapital (und möglicherweise einen bestimmten Aufschlag) zurückbekommen, bevor die Anteilseigner des Unternehmens irgendeine Verteilung im Falle einer Liquidation, eines Verkaufs oder eines Börsengangs erhalten. Dies dient dem Schutz der Investoren, insbesondere in Szenarien, in denen das Unternehmen nicht den erwarteten Wert erreicht. Es gibt verschiedene Arten von Liquidation Preferences, z. B. „non-participating", bei denen Investoren entweder ihre Vorzugsrückzahlung oder den entsprechenden Anteil am Erlös erhalten (aber nicht beides), und „participating", bei denen Investoren sowohl die Vorzugsrückzahlung als auch ihren Anteil am verbleibenden Erlös erhalten. Die genauen Bedingungen der Liquidation Preferences können einen erheblichen Einfluss auf die finanzielle Rendite für Dich und andere Anteilseigner bei einem erfolgreichen Exit haben und sollten daher sorgfältig verhandelt werden.

ee) Muster Dokumentation für eine Finanzierungsrunde (GESSI)

Das GESSI hat ebenfalls eine gesamte Standarddokumentation für eine Finanzierungsrunde erarbeitet und zur Verfügung gestellt. Diese ist hier zu finden: https://standardsinstitute.de/standardvertraege/finanzierungsrunde.

ff) Dokumente, die in der Regel für eine VC-Finanzierungsrunde benötigt werden

1. Eine Beteiligungs- und Gesellschaftervereinbarung.
2. Ggf. eine Ehegattenzustimmungserklärung gem. § 1365 BGB.
3. Eine Geschäftsordnung für die Geschäftsführung.
4. Eine Geschäftsordnung für den Beirat, sofern dessen Einführung vorgesehen ist.
5. Beglaubigte Vollmachten der Gesellschafter:innen, die nicht persönlich zum Notartermin erscheinen.
6. Die notarielle Niederschrift der außerordentlichen Gesellschafterversammlung, in der die Beschlüsse über Satzungsänderung bzw. -neufassung und Kapitalerhöhung gefasst werden.
7. Eine (neugefasste) Satzung (Gesellschaftsvertrag).
8. Eine Übernahmeerklärung für die neu ausgegebenen Geschäftsanteile.

gg) Due Diligence

Im Rahmen der Wachstums- und Finanzierungsstrategie Deines Startups spielt die Due Diligence eine zentrale Rolle, da sie potenziellen Investoren oder Käufern einen tiefen Einblick in die Geschäftstätigkeit und das Potenzial Deines Unternehmens bietet.

Vorbereitung und Organisation der Due Diligence Als Gründer:in eines Startups ist die Due Diligence ein entscheidender Schritt in den Verhandlungen mit Investor:innen oder potenziellen Käufer:innen. Deine sorgfältige Vorbereitung ist hierbei essenziell. Beginne mit der Organisation aller relevanten Dokumente in einem strukturierten Datenraum. Dazu gehören Deine finanziellen Unterlagen, Geschäftspläne, Patente, rechtliche Dokumente und Verträge. Eine klare Strukturierung dieser Dokumente erleichtert den Prozess für die Prüfenden und signalisiert Professionalität. Achte darauf, vertrauliche Informationen angemessen zu schützen, indem Du beispielsweise sensible Daten erst in späteren Phasen der Prüfung freigibst und den Datenraum mit einem Passwort schützt.

Rechtliche und finanzielle Aspekte der Due Diligence Ein Kernbereich der Due Diligence ist die rechtliche und finanzielle Überprüfung des Unternehmens. Dies beinhaltet die Bewertung Deiner Verträge, Lizenzvereinbarungen, arbeitsrechtlichen Aspekte und eventuellen Rechtsstreitigkeiten. Finanzielle Prüfungen umfassen die Analyse der bisherigen Finanzierungsrunden, Einnahmen, Ausgaben, Schulden und Vermögenswerte. Es ist wichtig, dass Du in diesen Bereichen Transparenz zeigst und keine wesentlichen Informationen verschweigst. Unentdeckte Probleme können später zu Verhandlungsproblemen führen, den Wert Deines Unternehmens mindern oder eine Haftung auslösen – das muss vermieden werden.

Strategische und operationelle Aspekte Neben den rechtlichen und finanziellen Themen solltest Du auch die strategischen und operationellen Aspekte der Due Diligence im Auge behalten. Dazu gehört die Darstellung Deines Geschäftsmodells, Deiner Markt- und Wettbewerbsanalyse sowie Deiner Unternehmensstrategie. Es ist wichtig, dass Du Deine Vision und Ziele klar kommunizierst und zeigst, wie Dein Unternehmen diese erreichen kann. Auch der Nachweis von Skalierbarkeit und nachhaltigem Wachstum spielt eine Rolle. Die Fähigkeit, die Unternehmensleistung anhand von KPIs (Key Performance Indicators) zu demonstrieren, kann das Vertrauen der Investoren stärken und Deine Chancen auf eine erfolgreiche Finanzierung erhöhen.

h. Debt Financing

Debt Financing, also Fremdfinanzierung, ist eine Methode zur Kapitalbeschaffung, bei der ein Unternehmen Geld von externen Quellen aufnimmt und sich verpflichtet, das geliehene Kapital mit Zinsen zurückzuzahlen. Dies unterscheidet sich von der soeben behandelten Eigenkapitalfinanzierung, bei der Investoren im Austausch für Unternehmensanteile Kapital bereitstellen. Bei der Fremdfinanzierung behalten die Unternehmensgründer ihre Eigentumsanteile und müssen keine Kontrolle über das Unternehmen abgeben. Die Rückzahlung der Verbindlichkeiten erfolgt nach einem festgelegten Plan und die Zinsen sind oft steuerlich absetzbar, was einen finanziellen Anreiz bietet.

aa) Bankdarlehen

Es gibt verschiedene Arten des Debt Financings. Traditionelle Bankdarlehen sind im Mittelstand die gängigste Form; dabei wird ein festgelegter Geldbetrag geliehen und über einen bestimmten Zeitraum mit Zinsen zurückgezahlt. Allerdings sind Bankdarlehen für Start-Ups kaum bis gar nicht erhältlich, da es an umfangreichen Vermögenswerten oder stabilen Cashflows, die für traditionelle Bankdarlehen erforderlich sind, fehlt.

bb) Venture Debt

Es hat sich daher die Kategorie des Venture Debts entwickelt. Venture Debt wird typischerweise von spezialisierten Kreditgebern oder Venture-Debt-Fonds bereitgestellt und ergänzt häufig eine bestehende Eigenkapitalfinanzierung, zum Beispiel durch Venture-Capital-Investoren.

Im Gegensatz zu herkömmlichen Darlehen, die auf der Kreditwürdigkeit und den Vermögenswerten eines Unternehmens basieren, konzentriert sich Venture Debt mehr auf das Wachstumspotenzial und die bisherigen Finanzierungsrunden des Unternehmens. Es ist in der Regel kurz- bis mittelfristig angelegt und erfolgt zu höheren Zinssätzen sowie oft zusätzlichen Kompensationen wie Optionen auf Gesellschaftsanteile. Dies spiegelt das höhere Risiko wider, das mit der Finanzierung von Start-ups verbunden ist.

cc) Anleihen

Anleihen sind eine andere Möglichkeit, bei der das Unternehmen Schuldverschreibungen ausgibt, die von Investoren gekauft werden. Diese Anleihen werden zu einem bestimmten Zinssatz und Rückzahlungsdatum gehandelt.

Jede der erläuterten Methoden hat ihre eigenen Vor- und Nachteile, abhängig von den Bedürfnissen und der finanziellen Situation Deines Unternehmens:

- Traditionelle Bankdarlehen:
  - Vorteile:

    Feste Zinssätze bieten Vorhersehbarkeit bei den Rückzahlungen.
    Keine Unternehmensanteilsabgabe; Gründer:innen behalten somit die Kontrolle.
    Zinsen sind oft steuerlich absetzbar.

  - Nachteile:

    Erfordert oft Sicherheiten und eine gute Bonität.
    Feste Rückzahlungspläne können für Start-ups mit unregelmäßigen Einnahmen herausfordernd sein.
    Kann weniger flexibel sein als andere Finanzierungsmethoden.

- Venture Debt:
  - Vorteile:

    Zugänglich für Start-ups ohne traditionelle Sicherheiten oder stabile Cashflows.
    Ermöglicht Wachstum ohne sofortige weitere Eigenkapitalverwässerung.
    Flexibler und oft schneller zu sichern als Eigenkapitalfinanzierungen.

  - Nachteile:

    Höhere Zinsen als traditionelle Darlehen aufgrund des höheren Risikos.

Oft mit Zusatzkosten wie Aktienoptionen oder Warrants verbunden.
Kann Druck auf die Cashflows ausüben, da regelmäßige Zins- und Tilgungszahlungen erforderlich sind.

- Anleihen:
  - Vorteile:

    Ermöglicht Zugang zu einem breiteren Pool von Investoren.
    Größere Summen können oft aufgenommen werden.
  - Nachteile:

    Kann komplex und teuer in der Emission sein.
    Feste Zinszahlungen sind unabhängig von der Geschäftslage erforderlich.

Insgesamt hängt die Wahl der Finanzierungsmethode stark von den spezifischen Bedürfnissen, dem Entwicklungsstadium und der finanziellen Struktur des Unternehmens ab. Jede Option hat ihre eigenen Nuancen und sollte sorgfältig im Kontext der Geschäftsstrategie und -ziele bewertet werden.

Belegschaft

a. Personalsuche

In unserem nächsten Kapitel wollen wir uns der Suche der perfekten Arbeitskraft widmen.

Das Thema Recruitment ist in jedem Gründungsprozess ein zentraler Punkt des Aufbaus des Unternehmens. Denn nur ein qualifiziertes, engagiertes und hoch motiviertes Team ist in der Lage, schwarze Zahlen zu schreiben.

Schwierigkeiten begegnen Start-ups insbesondere, wenn es darum geht, sich gegen etablierte Konzerne durchzusetzen, die oftmals durch ihre beeindruckenden Gehälter und hohen Grad an Sicherheit punkten können. Bei derartigen Konzernen kann sich die Belegschaft in der Regel sicher sein, dass ihr Gehalt am Ende eines jeden Monats auf ihrem Konto liegen wird. Eine solche Sicherheit können die meisten Start-ups gerade zu Beginn noch nicht bieten. Ihre Attraktivität liegt vielmehr in spannenden und abwechslungsreichen Aufgabenbereichen, welche eine erfolgversprechende Dynamik ins Unternehmen bringen. Gerade aufgrund dieses augenscheinlichen Defizits solltest Du bereits von Anfang an auf ein hohes Maß an Professionalität setzen.

Vor diesem Hintergrund stellt sich uns die erste Frage: Welche Rahmenbedingungen solltest Du bei Deiner Angestelltensuche festlegen? Bevor Du Dich mit Deinen Anforderungen an potenzielle Arbeitskräfte beschäftigst, gilt es erst einmal, die von Dir angebotenen Konditionen festzulegen. Insbesondere die Reize einer Start-up-Kultur mit Unternehmensdynamik trotz flacher Hierarchien wirken dabei auf potenzielles neues Personal äußerst anziehend. Die Konditionen setzen sich zusammen aus folgenden Bereichen:

1. Vergütung (evtl. variable erfolgsbasierte Gehaltskomponente)
2. Möglichkeit des Home Offices
3. Gleitzeit
4. Urlaubstage
5. Freiwillige Sozialleistungen
6. Lohnnebenleistungen
7. Entwicklungsmöglichkeiten
8. Beteiligungsmodelle

Darauf aufbauend solltest Du eine Aufstellung ausarbeiten, aus der Dein benötigter Umfang hervorgeht, um ungedeckte Personalkosten zu vermeiden. Bei Deiner Aufstellung kannst Du Dich an folgenden Punkten orientieren:

1. Anzahl benötigter Arbeitsstunden
2. Arbeitsmodelle (Vollzeit, Teilzeit, Freelance)
3. Qualifikationen der Angestellten

Weiterhin solltest Du Dir im Klaren darüber sein, dass die Personalsuche grundsätzlich ein hohes Maß an Ressourcen voraussetzt. Der Prozess ist nicht nur zeitintensiv, sondern erfordert auch entsprechende finanzielle Investitionen für die Stellenanzeige. Zudem durchzieht das Recuiting einen gewissen Grad an Komplexität, der am effizientesten durch Aufgabenteilung zu bewerkstelligen ist. Eine solche Teilung könnte über eine separate Handhabung von Bearbeitung der Bewerber:innen, Versenden von Rückmeldungen und Dokumentation der wichtigsten Eckdaten von potenzieller neuer Angestellten erfolgen.

Belegschaft 39

Um sich dann aber schließlich auf Personalsuche begeben zu können, ist es für Dich essenziell, die bestmöglichen Plattformen für Dein Recruiting ausfindig zu machen. Prinzipiell gibt es bei dem „Wo?" der Suche neuer Angestellten kein Geheimrezept. Angefangen bei Personaldienstleister:innen oder Jobportalen, über Job-Apps, Karrierenetzwerken, Social-Media-Suchen, zu Jobmessen und Universitätsrecruiting- es gibt viele individuelle Wege, die Dich zu Deinem gewünschten Ergebnis führen können. Während die Zusammenarbeit mit Personaldienstleister:innen gerade in stark umkämpften Branchen wie dem Bank- und Finanzsektor in Frankfurt eher dem traditionellen Weg der Personalsuche entspricht, handelt es sich bei Jobportalen, welche auf Branchen und Berufsbilder spezialisiert sind, um die heute am häufigsten verwendete Art des Recruitings.

Sobald Du Dich in Fragen der Reichweite so breit wie möglich aufgestellt hast, geht es in einem nächsten Schritt darum, ein genaues Anforderungsprofil zu erstellen. Gerade für den Anfang eines jeden Start-Ups ist es dabei wichtig, im Hinterkopf zu behalten, dass sich Aufgaben oft überschneiden können und sich klare Strukturen und Aufgabenbereiche erst mit der Zeit herausbilden werden. Dennoch solltest Du bereits zu Beginn Deine klar definierten Unternehmensziele stets vor Augen haben und Dich bei jeder potenziellen neuen Arbeitskraft überlegen, in welcher Form diese dazu beitragen kann, gerade diese Ziele umzusetzen und somit den Erfolg des Unternehmens zu fördern. Hierfür bedarf es weiterhin der Festlegung genauer individueller Skills und Fähigkeiten, die jedes Mitglied der Belegschaft vorzuweisen hat, um mehr oder minder eine Daseinsberechtigung zu schaffen. Insbesondere liegt es an Dir als Führungskraft, entsprechende Aufgaben und fachliche sowie auf Qualifikationen bezogene Anforderungen zu formulieren.

Achte hierbei darauf, ansprechende Aufgaben zu offerieren, die spannend klingen und das Interesse der neuen Arbeitskraft wecken. Auch hier gilt: Dein Start-up wird viele verschiedene Ecken und Kanten aufweisen, die zahlreiche individuelle Ideen benötigen, was Kreativität erfordert. Du solltest Dein Team demnach so breit aufstellen wie möglich, um sämtliche Aufgabenbereiche abzudecken. Für diese Arbeiten solltest Du ferner von Deinen Angestellten eine selbstständige Arbeitsweise erwarten, welche durch Eigenmotivation, Analytik und kommunikatives Geschick gekennzeichnet ist.

Für die Evaluierung der nötigen Berufserfahrung Deiner zukünftigen Angestellten solltest Du zumindest bei der Besetzung von Schlüsselpositionen auf qualifizierte Arbeitskräfte statt junge Talente setzen, welche sich von vornherein durch ihre Zeiteffizienz und Effektivität auszeichnen. Nicht zu unterschätzen ist in diesem Zuge übrigens auch die Komponente der zwischenmenschlichen Anforderungen. Ein jeder Neuzugang sollte sich gut in Dein Team eingliedern können und einen inspirierenden und ambitionierten Arbeitsgeist mit sich bringen, um die Dynamik der Gruppe zu fördern und zu fordern, anstatt gegenteilig zu arbeiten.

b. Arbeitsverträge

Sobald Du nun die passende Belegschaft für Dein Unternehmen zusammengestellt hast, gilt es in einem nächsten Schritt, Arbeitsverträge für diese aufzusetzen. Wichtig ist hierbei, dass zwar grundsätzlich auch ein mündlicher Vertrag aufgrund von Formfreiheit wirksam und folglich bindend für beide Parteien ist. Dennoch ist an dieser Stelle empfehlenswert (auch wegen des sog. „Nachweisgesetzes"), den Vertrag schriftlich zu formulieren und von beiden Seiten unterschreiben zu lassen, um zukünftigen potenziellen Problemen vorzubeugen.

Bei Fragen und Problemen stehen dir innovative Beratungen für Arbeitsrechtsprobleme wie das Unternehmen Twinwin (https://www.twin.win/) zur Verfügung.

Ein Arbeitsvertrag regelt die Pflichten und Rechte der Arbeitskraft und beinhaltet die Bezeichnung sowie Beginn und Laufzeit des Arbeitsverhältnisses, den Tätigkeitsschwerpunkt, Informationen zur Arbeitszeit, der Vergütung, Urlaub, Nebentätigkeiten, Wettbewerbsverbot, Kündigung sowie der Kündigungsfrist und eine Vertraulichkeitserklärung.

Inhalt des Arbeitsvertrags

- Präambel
- Beginn und Laufzeit
- Tätigkeitsschwerpunkt
- Arbeitszeit
- Vergütung
- Urlaub
- Nebentätigkeit und Wettbewerbsverbot
- Kündigung
- Vertraulichkeitsvereinbarung

aa) Bezeichnung

Die Bezeichnung des Vertrages kann dabei unterschiedlich lauten und setzt sich aus folgendem Pool zusammen:

- (un)befristeter oder projektbezogener Arbeitsvertrag
- Arbeitsvertrag für Teilzeitangestellte oder Aushilfen
- Arbeitsvertrag für Freiberufler:innen
- Arbeitsvertrag für Minijobs
- Arbeitsvertrag für Praktikant:innen

Rechtliche Grundlage für jeden einzelnen Vertrag bilden das Grundgesetz, das Bürgerliche Gesetzbuch, der Tarifvertrag sowie Betriebs- und individuelle Vereinbarungen.

bb) Beginn und Laufzeit

Nachdem Du mit Deinen neu gewonnenen Angestellten den Beginn des Arbeitsverhältnisses geklärt hast, solltest Du Dir überlegen, ob Du mit ihnen einen befristeten oder unbefristeten Vertrag schließen willst. Je nach Befristung ist schriftlich festzuhalten, bis zu welchem Zeitpunkt das Arbeitsverhältnis bestehen soll. Achte hierbei darauf, dass eine Befristung ohne Sachgrund nicht über zwei Jahre hinaus wirksam ist und Du dann angehalten bist, die Arbeitnehmer:in entweder zu entfristen oder das Arbeitsverhältnis zu beenden. Ebenfalls wichtig ist, dass Du innerhalb dieser Zeitspanne einen potenziell befristeten Vertrag höchstens drei Mal verlängern darfst.

Zusätzlich zu Vereinbarungen über Beginn und Laufzeit des Arbeitsverhältnisses kann es für Dich als Arbeitgeber sinnvoll sein, für Dein Personal eine drei- bis sechsmonatige Probezeit festzulegen. Eine solche dient der Geeignetheitsprüfung Deiner künftigen Angestellten. Während der Probezeit bist Du berechtigt, eine Kündigung ohne Kündigungsgrund innerhalb von 14 Tagen auszusprechen. Beachte bitte, dass Dir, sofern ein neuer Arbeitsvertrag mit bereits angestellten Arbeitskräften vereinbart wurde, die Möglichkeit einer Probezeit versagt wird.

cc) Tätigkeitsschwerpunkt

Der Tätigkeitsschwerpunkt beschreibt all die von Deinen Angestellten künftig erwarteten Tätigkeiten und Aufgaben. Versuche nach Möglichkeit nicht allzu präzise Formulierungen zu wählen, um einen möglichst breiten Tätigkeitsbereich abzudecken.

dd) Arbeitszeit

Bei der Arbeitszeit gilt es zunächst, die wöchentliche stündliche Arbeitszeit sowie Start- und Endzeit zu formulieren. Wichtig ist, dass Deine Belegschaft in der Regel eine Arbeitszeit von acht Stunden pro Werktag nicht überschreiten darf. Zudem ist nach spätestens sechs Stunden einer Tätigkeit eine Pause von mindestens 30 min einzulegen, sofern die tägliche Arbeitszeit bis zu neun Stunden beträgt. Ansonsten muss die Pause mindestens 45 min betragen, wobei eine Aufteilung der Zeitspanne von mindestens 15 min pro Block möglich ist.

Darüber hinaus verbleibt Dir jedoch die Möglichkeit, statt festen Uhrzeiten eine Gleitzeit, also die freie Wahl der Arbeitszeit seitens Deiner Arbeitskräfte innerhalb eines festen Rahmens, anzubieten.

ee) Vergütung

Der Unterpunkt der Vergütung beschreibt das monatliche Bruttogehalt Deines Angestellten sowie die Fälligkeit der Zahlung. Das Gehalt kann dabei nicht nur aus dem Grundgehalt, sondern vielmehr aus möglichen Boni, Sonderzuwendungen oder Gewinnausschüttungen durch etwaige Angestelltenbeteiligungen bestehen.

Besondere Vorsicht gilt hier bei der Klausel, dass geleistete Überstunden pauschal mit dem Gehalt abgedeckt werden. Diese ist stets rechtsunwirksam. Auch starre Ausschlussfristen, nach deren Ablauf Vergütungs- oder sämtliche Ansprüche verfallen, wenn sie nicht rechtzeitig geltend gemacht werden, sind problematisch. Es gibt einstufige (Geltendmachung eines Anspruchs binnen einer Frist) und zweistufige (Klageerhebung bezüglich des Anspruchs binnen einer weiteren Frist nach der Geltendmachung) Ausschlussfristen. Eine Ausschlussfrist von unter 3 Monaten ist unwirksam, ebenso der Ausschluss von Ansprüchen auf den Mindestlohn. Auch darf nichts strengeres vereinbart werden als die Geltendmachung eines Anspruchs per Textform (§ 309 Nr. 23a BGB). Ist die zweite Stufe unangemessen ausgestaltet worden, so entfällt nur diese. Ist bereits die erste Stufe unwirksam, so entfällt auch die zweite (blue pencil-Test).

ff) Urlaub

Als Arbeitgeber:in bist Du verpflichtet, Deiner Belegschaft einen jährlichen Mindesturlaub zu gewähren. Je nach Anzahl der Arbeitstage pro Woche beträgt dieser bei einer 5-Tage-Woche 20 Tage und bei einer 6-Tage-Woche 24 Tage. Außerdem musst Du Dir Gedanken darüber machen, ob Deine Angestellten verpflichtet sind, den Urlaub innerhalb des Kalenderjahres zu nehmen oder Du ihnen zugestehst, diesen ins Folgejahr zu übertragen.

Zusätzlich besteht die Möglichkeit, schriftlich eine Wartezeit für die Inanspruchnahme des Urlaubs festzuhalten. Gesetzlich besteht eine Wartezeit von sechs Monaten ab Aufnahme der Tätigkeit (§ 4 BUrlG).

gg) Nebentätigkeiten und Wettbewerbsverbot

Der Arbeitsvertrag sollte darüber hinaus präzise Bestimmungen über Nebentätigkeiten und etwaige Wettbewerbsverbote enthalten. Nebentätigkeiten beinhalten jede Tätigkeit der Arbeitskraft, die außerhalb der Arbeit ausgeübt werden, wie zum Beispiel Arbeitsverhältnisse bei einem anderen Unternehmen, unentgeltliche sowie ehrenamtliche Tätigkeiten oder selbstständige Nebenerwerbstätigkeiten. Sofern dadurch die Arbeitspflicht Deines Personals beeinflusst werden könnte, sollte diese:r zur Meldung verpflichtet werden. Unter Umständen ist es sinnvoll, den künftigen Angestellten im Rahmen des Wettbewerbsverbots die Möglichkeit zu nehmen, in Deinem Geschäftszweig weitere Geschäfte zu machen und damit ein Konkurrenzverhältnis aufzubauen.

hh) Vertraulichkeitsvereinbarung

Den letzten Punkt unserer Checkliste stellt die Vertraulichkeitserklärung dar. Diese besagt, dass Dein Personal Informationen, welche Dein Unternehmen betreffen, beispielsweise hinsichtlich Geschäfts- und Betriebsgeheimnissen, Datenschutz, das Telekommunikationsgeheimnis und Sozialgeheimnis, vertraulich zu behandeln hat. Rechtsfolge eines Missbrauchs der Vertraulichkeitserklärung ist die Strafbarkeit der missbrauchenden Mitarbeiter:innen.

c. Zentrale arbeitsrechtliche Vorgaben

Als Gründer:in bist Du nicht nur Unternehmer:in, sondern für Deine Angestellten immer auch Arbeitgeber:in. Deshalb solltest Du Dich mit einigen grundlegenden Vorgaben des Arbeitsrechts vertraut machen, die für Dich bei Anbahnung des Arbeitsverhältnisses, dessen Durchführung und während und nach dessen Beendigung gelten.

aa) Anbahnung und Begründung des Arbeitsverhältnisses

Um geeignete Angestellte zu finden, solltest Du Dein Recruiting wie beschrieben attraktiv gestalten und auf die Vorteile einer Stelle bei Dir hinweisen. Die Bewerber:innen sind grundsätzlich nicht dazu verpflichtet, von sich aus irgendwelche Angaben oder Informationen zu offenbaren. Das gilt nur, wenn die Bewerber:innen offenkundig unter jedem Gesichtspunkt zur Bekleidung der Stelle ungeeignet sind oder gewisse Eigenschaften für die Erbringung der Arbeitsleistung besonders ausschlaggebend sind.

In der Folge musst Du den Bewerber:innen geeignete Fragen stellen, um herauszufinden, ob Kandidat:innen für die Stelle geeignet sind. Bei der Entwicklung eines Fragenkatalogs ist aber Vorsicht geboten: Manche Fragen im Bewerbungsgespräch sind unzulässig. Das ist immer eine Frage des Einzelfalls, wann noch ein berechtigtes Informationsinteresse besteht oder die Frage zu sehr die Persönlichkeitsrechte der künftigen Arbeitnehmer:innen beeinträchtigt. Zulässigerweise kann nach Qualifikationen oder dem beruflichen Werdegang gefragt werden, eine Frage nach einer Schwangerschaft, einer Behinderung oder Krankheiten sowie der Parteimitgliedschaft hingegen ist beispielsweise nicht zulässig. Unzulässige Fragen müssen Bewerber:innen nicht wahrheitsgemäß beantworten, sie dürfen insoweit ausdrücklich lügen.

Tätigen Bewerber:innen auf eine zulässige Frage eine unzutreffende Antwort oder verstoßen gegen ihre Offenbarungspflichten, kann dies als arglistige Täuschung eingestuft werden, die nach § 123 Abs. 1 Alt. 1 BGB zur Anfechtung berechtigt. Auf diese Weise kannst Du das Arbeitsverhältnis nachträglich wieder aufheben, wenn Du von einer Lüge aus dem Bewerbungsgespräch erfährst. Bei einer berechtigten Lüge infolge einer unzulässigen Frage liegt keine widerrechtliche Täuschung und deshalb auch kein Anfechtungsrecht vor. Normalerweise wirkt eine Anfechtung in die Vergangenheit, also das Arbeitsverhältnis würde von Anfang an als nichtig angesehen werden. Das würde aber dazu führen, dass die Parteien alles, was sie während der bisherigen Durchführung des Arbeitsverhältnisses erlangt haben, gegenseitig herausgeben müssten. Das gestaltet sich wegen des dauerhaften Leistungsaustauschs aber nicht so einfach. Deswegen wird im Arbeitsrecht bei einer Anfechtung nicht wie sonst von einer rückwirkenden Unwirksamkeit ausgegangen. Das Arbeitsverhältnis wird wegen des gegenseitigen Leistungsaustauschs für die Vergangenheit als rechtmäßig angesehen und allein für die Zukunft besteht ein Lossagungsrecht der Arbeitgeber:innen (Lehre des faktischen Arbeitsverhältnisses). Nur wenn noch kein Leistungsaustausch stattgefunden hat, entfaltet die Anfechtung ihre übliche Rückwirkung. Diese Grundsätze gelten auch für alle anderen Gründe, die zur Nichtigkeit des Arbeitsverhältnisses führen können. So zum Beispiel wenn die Arbeitnehmer:in geschäftsunfähig (§ 104, 105 BGB) oder der Arbeitsvertrag sittenwidrig ist (§ 138 Abs. 1 BGB).

bb) Verpflichtungen und Rechte aus dem Arbeitsverhältnis

Arbeitnehmer:innen treffen auf der einen Seite hauptsächlich die Pflicht, die vereinbarte Arbeitsleistung zu erbringen. Wie bereits geschildert, sollte die Arbeitspflicht nicht zu eng vereinbart werden. Arbeitgeber:innen haben aus § 106 GewO ein Weisungsrecht und können die Angestellten so im Rahmen der grob vereinbarten Tätigkeit breit einsetzen. Da der Arbeitsvertrag nach § 611a BGB ein Dienstvertrag ist, schulden Arbeitnehmer:innen nicht einen konkreten Erfolg, sondern die Tätigkeit selbst. Deshalb können Arbeitgeber:innen nur die Qualität an Arbeit verlangen, die Arbeitnehmer:innen bei angemessener Anstrengung ohne Gefährdung der Gesundheit leisten können. Es kann ein objektives Leistungsminimum erwartet werden, aber kein konkretes Ergebnis der Arbeitsleistung. Neben dieser Hauptpflicht haben Arbeitnehmer:innen als Nebenpflicht alles zu unterlassen, was den Interessen der Arbeitgeber:innen widerspricht. Sie dürfen beispielsweise die Erreichung des arbeitsvertraglichen Ziels nicht vereiteln, Eigentum des Arbeitgebers nicht verletzen, sich illoyal verhalten und keine Geschäftsgeheimnisse verraten. Sie sind außerdem zur Herausgabe dessen verpflichtet, was sie aus der Ausführung der Arbeit erlangen (§ 667 Alt. 2 BGB).

Arbeitgeber:innen sind auf der anderen Seite primär zur Vergütung der Arbeit verpflichtet. Die Höhe der Vergütung bemisst sich primär nach dem Arbeitsvertrag. Die Vergütung darf nicht unter dem Mindestlohn liegen (§ 1 Abs. 1, 2, § 3 MiLoG). Ein Anspruch auf Sonderzahlungen kann aber auch aus einer betrieblichen Übung folgen, also einer wiederholten freiwilligen Leistungen seitens der Arbeitgeber:innen. Nach einer gewissen Zeit entsteht ein rechtlicher Anspruch der Angestellten darauf, dass diese Leistung weiterhin gewährt wird. Deshalb sollte eine solche Zahlung stets unter dem ausdrücklichen Hinweis auf die Einmaligkeit erfolgen, auch wenn die Sonderzahlung im nächsten Jahr erneut gewährt werden soll. Als Nebenpflichten haben Arbeitgeber:innen Gefahren für ihre Angestellten zu vermeiden, ihre Persönlichkeits- und sonstige Rechte am Arbeitsplatz zu schützen und vor allem im Sinne des AGG alle Arbeitnehmer:innen gleich zu behandeln. Aus einer nicht zu rechtfertigenden Ungleichbehandlung von Angestellten kann eine Schadensersatz- oder Entschädigungspflicht aus § 15 Abs. 1, 2 AGG folgen.

Die Vergütungspflicht entfällt im Grundsatz, wenn die Arbeitnehmer:innen ihrer Arbeitspflicht nicht nachkommen (§ 326 Abs. 1 S. 1 BGB). Davon gelten aber zugunsten Deiner Angestellten zahlreiche Ausnahmen, sodass Du dennoch zur Lohnzahlung verpflichtet bist: Du hast zu vertreten, dass die Arbeitnehmer:innen nicht arbeiten können (§ 326 Abs. 2 S. 1 BGB), Du kannst oder willst den Dienst nicht annehmen (§ 615 BGB), die Arbeitnehmer:innen sind aus persönlichen Gründen für einen kurzen Zeitraum verhindert (§ 616 S. 1 BGB), sie sind unverschuldet krankheitsbedingt bis zu sechs Wochen abwesend (§ 3 Abs. 1 S. 1 EFZG), sie nehmen Erholungsurlaub (§ 1 BUrlG) oder es sind Feiertage (§ 2 Abs. 2 EFZG). Wenn Arbeitnehmer:innen die Arbeit nicht wie gewünscht erfüllen, ist eine Minderung des Lohns nicht vorgesehen. Auch ein Schadenersatzanspruch kommt erst in Betracht, wenn bei Dir ein tatsächlicher Integritätsverlust über die reine Schlechtleistung hinaus eintritt. Beachte, dass Du nach § 619a BGB die Pflichtverletzung Deiner Arbeitnehmer:innen darlegen musst. Sonstige Pflichtverletzungen neben einer minderwertigen Arbeitsleistung können ebenso zu einer Haftung des Arbeitnehmers aus § 280 Abs. 1 BGB, gegebenenfalls in Verbindung mit § 241 Abs. 2 BGB, oder § 823 Abs. 1 BGB folgen. Bei betrieblich veranlasster Tätigkeit sind Arbeitnehmer:innen jedoch immer in ihrer Haftung beschränkt und es findet eine Verteilung zwischen den Parteien nach dem Grad des Verschuldens statt (sog. innerbetrieblicher Schadensausgleich): Für Vorsatz und grobe Fahrlässigkeit haften alleine die Arbeitnehmer:innen, bei leichter Fahrlässigkeiten haften Angestellte nicht und bei mittlerer Fahrlässigkeit wird im Einzelfall gequotelt.

Deine Angestellten haben gegen Dich einen Anspruch auf Ersatz ihrer Aufwendungen, die sie im Rahmen ihrer Tätigkeit tätigen und billigerweise tätigen durften (§ 670 BGB analog). Dieser Anspruch kann sich sogar auf mit der Tätigkeit einhergehende typische Begleitschäden richten, welche Angestellte selbst erleiden (§ 670 BGB doppelt analog). Wenn der Arbeitgeber seinen vertraglichen Pflichten nicht (voll) nachkommt, trifft ihn eventuell eine Haftung aus § 280 Abs. 1, unter Umständen in Verbindung mit § 241 Abs. 2 BGB oder § 823 Abs. 1 BGB. Besonders kommt hier eine Verletzung des Allgemeinen Persönlichkeitsrechts in Betracht oder Diskriminierungen am Arbeitsplatz. Aus einer nicht zu rechtfertigenden Ungleichbehandlung von Angestellten kann eine Schadensersatz- oder Entschädigungspflicht aus § 15 Abs. 1, 2 AGG folgen. Wenn die Vergütung von Dir nicht (pünktlich) geleistet wird, droht eine Haftung aus § 286 BGB.

cc) Beendigung des Arbeitsverhältnisses

Das Arbeitsverhältnis kann auf viele verschiedene Arten enden: Den Ablauf einer vereinbarten Befristung, die Aufhebung durch einen beidseitigen Aufhebungsvertrag, die Anfechtung bzw. Lossagung oder – wie in den meisten Fällen – die Kündigung.

Man unterscheidet die außerordentliche und die ordentliche Kündigung.

Im Fall der ordentlichen Kündigung wird das Arbeitsverhältnis zum Ablauf einer Kündigungsfrist beendet. Diese liegt zwischen einem und sieben Monaten je nach Betriebszugehörigkeit (§ 622 Abs. 1, 2 BGB). Die Kündigung darf, wenn die Voraussetzungen des Kündigungsschutzgesetzes gelten, von Seiten des Arbeitgebers nicht grundlos erfolgen. Das KSchG gilt gem. § 23 KSchG in der Regel erst, wenn du mehr als 10 Arbeitnehmer:innen hast.

Unter diesen Umständen muss die Kündigung durch einen Grund gerechtfertigt sein, ob personenbedingte Kündigung (Kündigungsgrund liegt in der Person der Angestellten begründet), verhaltensbedingte Kündigung

(Kündigungsgrund liegt in änderbaren Verhaltensweisen der Angestellten begründet) oder betriebsbedingte Kündigung (Kündigungsgrund liegt in einem dringenden betrieblichen Erfordernis, das die Weiterbeschäftigung unmöglich macht). In jedem Fall musst Du bei der Frage, ob eine Kündigung von konkreten Angestellten rechtmäßig ist, gleich vorgehen:

1. **Kündigungsgrund an sich:** Liegt ein abstrakter (personen-, verhaltens-, betriebsbedingter) Grund vor, aufgrund dessen ich das Verhältnis beenden möchte?
2. **Prognose:** Ist aufgrund einer Prognose anzunehmen, dass die zur Kündigung führenden Eigenschaften, Verhaltensweisen oder Umstände auch in Zukunft andauern werden?
3. **Ultima-Ratio:** Gibt es mildere Mittel als eine Kündigung (wie Abmahnung oder Zuweisung zu einem anderen Arbeitsplatz)?
4. **Abwägung:** Überwiegt mein Interesse an der Beendigung die Interessen der Arbeitnehmer:innen an der Weiterbeschäftigung (zum Beispiel Ausmaß der Störung und Beeinträchtigung, Dauer des Fehlverhaltens, alternative Erwerbschancen, Alter)?
5. **Bei der personenbedingten Kündigung:** Werden meine betrieblichen Interessen durch die Weiterbeschäftigung erheblich beeinträchtigt?
6. **Bei der betriebsbedingten Kündigung:** Hält die Kündigung der Sozialauswahl nach § 1 Abs. 3 KSchG Stand, also kündige ich aus einer Gruppe vergleichbarer Arbeitnehmer:innen nach Gewichtung der sozialen Kriterien aus § 1 Abs. 3 S. 1 KSchG und Nichteinbeziehung von Arbeitnehmer:innen gemäß § 1 Abs. 3 S. 2 KSchG der am wenigsten schutzwürdigen Person?

Die ordentliche Kündigung muss schriftlich erklärt werden (§ 623 BGB) und kann zum Fünfzehnten oder zum Ende eines Kalendermonats ausgesprochen werden.

Bei der außerordentlichen Kündigung wird das Arbeitsverhältnis ohne eine weitere Kündigungsfrist augenblicklich beendet. Da sie die Arbeitnehmer:innen besonders belastet, ist ein wichtiger Grund nach § 626 Abs. 1 BGB notwendig, der die sofortige Beendigung rechtfertigt. Sie ist formlos möglich, muss aber binnen zwei Wochen nach Kenntnis des zur Kündigung berechtigenden Grundes erklärt werden. Als Grund kommen dieselben Gründe wie auch bei einer ordentlichen Kündigung in Betracht, jedoch muss die Möglichkeit erwogen werden, ob als milderes Mittel eine ordentliche Kündigung in Betracht kommt und besonders sorgfältig abgewogen werden, ob das Verhalten eine Beendigung ohne weitere Kündigungsfrist rechtfertigt. Beruht die außerordentliche Kündigung auf dem Verdacht eines strafbaren Verhaltens, so erfolgt eine Kündigung nicht wegen der Straftat, sondern wegen des zerrütteten Vertrauensverhältnisses. Das ist aber nur zulässig, sofern eine gewisse Wahrscheinlichkeit der tatsächlichen Begehung vorliegt, die Angestellten zu dem Vorfall angehört wurden und Du alle zumutbaren Schritte zur Auflösung des Vorfalls und Ausräumung des Verdachts beschritten hast.

d. ESOP-Mitarbeiterbeteiligung

Employee Stock Ownership Plans (ESOP) sind ein beliebtes Mittel, um Mitarbeiter:innen am Unternehmen zu beteiligen, indem ihnen Aktien oder Aktienoptionen gewährt werden. Diese Form der Mitarbeiterbeteiligung dient nicht nur als Anreiz und Belohnung, sondern fördert auch ihre Bindung an das Unternehmen und motiviert zu höherer Leistung, da sie direkt am Erfolg des Unternehmens beteiligt sind. Durch das neue Wachstumschancengesetz, das auf die Förderung von Start-ups und wachstumsorientierten Unternehmen abzielt, wurden Neuerungen im Bereich der Mitarbeiterbeteiligungen eingeführt. Diese Änderungen erleichtern es Unternehmen, ESOPs anzubieten, indem sie steuerliche und rechtliche Hindernisse abbauen. Zum Beispiel wurden die steuerlichen Regelungen so angepasst, dass die Besteuerung der Vorteile aus Aktienoptionen erst bei der Veräußerung der Aktien erfolgt, anstatt bereits bei der Ausübung der Optionen. Dadurch wird die Liquiditätsbelastung für Mitarbeiter:innen verringert. Diese Neuerungen machen ESOPs attraktiver und zugänglicher für Start-ups und tragen dazu bei, qualifizierte Talente anzuziehen und zu halten, was für das Wachstum und den Erfolg dieser Unternehmen entscheidend ist.

Geschäftsordnung für die Geschäftsführung

In unserem nächsten Kapitel soll es um das Thema Geschäftsordnung für die Geschäftsführung gehen. Im Normalfall hält der Gesellschaftsvertrag eine Klausel bereit, nach der die Gesellschafterversammlung befugt ist, eine Geschäftsordnung zu erlassen und unter Umständen mit der nötigen Mehrheit abzuändern. Die Geschäftsordnung ist ein Bindeglied zwischen dem – nur per Notarakt anzupassendem – Gesellschaftsvertrag und dem Geschäftsführerdienstvertrag, in dem in der Regel ebenfalls auf die Geschäftsordnung verwiesen wird.

Es besteht grundsätzlich keine Pflicht, eine Geschäftsordnung für die Geschäftsführung zu erstellen und im Unternehmen zu verabschieden. Der wesentliche Handlungsspielraum der Geschäftsführer:innen ist prinzipiell nämlich bereits im Geschäftsführungsvertrag, im Gesellschaftsvertrag und jedenfalls im Gesetz formuliert. Sofern in Deinem Start-up die Geschäftsführung mit mehreren Personen besetzt ist, macht es der Geschäftsbetrieb jedoch in den meisten Fällen erforderlich, dass sich die Geschäftsführer:innen über sämtliche organisatorischen Belange untereinander abstimmen, wozu es einer verbindlichen Geschäftsordnung, respektive eines internen auf die Arbeitsweise bezogenen Regelwerkes, bedarf. Dadurch können Handlungsspielräume der Geschäftsführung eng definiert und Informationspflichten gegenüber den Gesellschafter:innen sichergestellt werden. Eine installierte Verteilung der Aufgaben (die sogenannte Ressortverteilung) ändert nichts daran, dass sich die Geschäftsführer:innen gegenseitig überwachen und informieren müssen.

Grundsätzlich kannst Du einen Vorsitz der Geschäftsführung bestimmen. Diese Person hat dann insbesondere die Aufgabe, Geschäftsbereiche zu koordinieren, die Leitung von Sitzungen und die Vertretung gegenüber der Gesellschafterversammlung sowie eine repräsentative Rolle zu übernehmen.

a. Prozessablauf – Kommunikation, Beschluss und Ablage

Die von Dir verabschiedete Geschäftsordnung sollte diverse Aspekte des Prozessablaufs bezüglich der Kommunikation, Beschlussfassung und Ablage umfassen. Sie sollte Geschäfte definieren, in denen die Geschäftsführung nur mit Zustimmung der Gesellschafterversammlung handeln darf.

Wichtige Regelungen über die Kommunikation sind dabei zum einen die Festlegung der Kommunikationsmittel und -wege. Dies kann beispielsweise durch den E-Mail-Verkehr, Telefonate oder regelmäßige Meetings geschehen. Von weiterer Relevanz sind Bestimmungen über Zuständigkeiten für interne und externe Kommunikation, generelle Regeln bezüglich der Kommunikation mit Gesellschafter:innen, der Kundschaft, Geschäftskontakten und der Belegschaft sowie der Festlegung für die Bearbeitung von verschiedenen Anliegen.

Hinsichtlich der Beschlussfassung solltest Du Bestimmungen zu Zuständigkeiten und Entscheidungsbefugnissen der Geschäftsführung aufnehmen. Weiterhin gilt es, Regelungen für die Protokollierung von Beschlüssen zu finden und die Verfahrensweise für Beschlussfassungen (Einstimmigkeitsprinzip oder Mehrheitsentscheidungen) sowie die Teilnahme- und Stimmrechte bei Versammlungen aller Gesellschafter:innen festzulegen.

Auch im Bereich der Ablage liegt es an Dir, verschiedene Entscheidungen zu treffen. So bedarf es zum einen der Bestimmung von

Regelungen für den Datenschutz und die Zugriffsrechte, der Festlegung der Dokumentenablage und -archivierung sowie der Bestimmung der Handhabung sensibler Daten und vertraulicher Informationen. In diesem Zuge solltest Du ebenfalls beschließen, wie die Aufbewahrung von Dokumenten vonstatten gehen soll.

Darüber hinaus gibt es einige sonstige Bestimmungen, die Du ebenfalls in die Geschäftsordnung aufnehmen kannst. Diese umfassen Vorgaben für die Planung und Durchführung von Meetings, die Bestimmung von regelmäßigen Berichtspflichten, Regelungen über die Delegation von Aufgaben sowie Zuständigkeiten innerhalb der Unternehmensstruktur. Weiterhin kann die Geschäftsordnung durch den Geschäftsverteilungsplan Auswirkungen auf die Haftung der einzelnen Geschäftsführer:innen bei möglichen Fehlentscheidungen haben. Für Investor:innen sind darüber hinaus Klauseln bezüglich Berichtspflichten, wie die Abstände und Inhalte der gegenüber den Mitgliedern geltenden Informationspflichten der Geschäftsführung, relevant. Zu guter Letzt können durch die Geschäftsordnung Details (Zeitpunkt und Inhalt) der Unternehmensplanung für das bevorstehende Jahr oder sogar eine Mehrjahresplanung geregelt werden.

b. Typische Zustimmungspflichtige Geschäfte

Wesentliches Element der Geschäftsordnung sind die sog. zustimmungspflichtigen Geschäfte, durch welche der Geschäftsführung Grenzen gesetzt werden sollen, indem sie verpflichtet ist, die Gesellschafterversammlung um Zustimmung für gewisse Vorhaben zu fragen. Diesem Vorhaben muss sodann mit einer zuvor in der Geschäftsordnung festgelegten Mehrheit zugestimmt werden. Verstoßen Geschäftsführer:innen gegen die Zustimmungspflicht, kann ihnen eine Pflichtverletzung vorgeworfen werden, was im Ernstfall sogar eine Kündigung nach sich ziehen kann. Empfehlenswert sind nicht zu enge Grenzen, da andernfalls notwendige Entscheidungen durch strenge Beschränkungen in der Geschäftsordnung verzögert werden können.

Die Geschäftsordnung legt weiterhin einen Katalog von zustimmungsbedürftigen Geschäften fest. Es wird zwischen typischen und atypischen zustimmungspflichtigen Geschäften unterschieden. Typische zustimmungspflichtige Geschäfte beschreiben Geschäfte, bei denen sich die Zustimmungspflicht grundsätzlich aus gesetzlichen Bestimmungen ergibt, ihre Anforderungen insofern rechtlich geregelt und klar definiert sind. Im Folgenden sollen typische zustimmungspflichtige Geschäfte in der Geschäftsordnung aufgeführt werden:

1. Änderung des Unternehmensgegenstands bzw. der Tätigkeitsbereiche
2. Verabschiedung von Unternehmensplänen (Investitionsplanung, Gewinn- und Verlustrechnung oder andere Budgetplanungen)
3. Kapitalmaßnahmen: Erhöhung des Stammkapitals, Ausgabe neuer Geschäftsanteile oder die Einziehung von Geschäftsanteilen
4. Aufnahme von Krediten oder Darlehen ab einer bestimmten Größenordnung
5. Veräußerung von Vermögenswerten (z. B. Immobilien oder Tochtergesellschaften)
6. Forderungsverzichte oder Rechtsstreitigkeiten ab einer spezifischen, meist in der Geschäftsordnung genannten Höhe
7. Fusionen und Übernahmen
8. Abschluss von langfristigen Verträgen (z. B. Mietverträge, Pachtverträge, Kooperationsverträge oder Lieferverträge)
   → Hierbei sind meist nur Maßnahmen relevant, die Abweichungen von den zuvor genannten Planungen zur Folge hätten. Die Geschäftsordnung beschreibt dabei normalerweise allerdings einen Puffer, um genügend Spielraum für die Geschäftsführung im Tagesgeschäft zu belassen.
9. Auflösung oder Liquidation des Unternehmens
10. Erteilung bzw. Widerruf von an Angestellten erteilte Prokura
11. Detaillierte Aufgaben und Zuständigkeiten des Beirats, sofern ein solcher besteht

Behalte stets im Hinterkopf, dass oben genannte Punkte nicht abschließend sind. Je nach Unternehmensform und individueller Vereinbarung können weitere zustimmungspflichtige Geschäfte hinzukommen.

c. Atypische zustimmungspflichtige Geschäfte

Im Gegensatz zu den typischen zustimmungspflichtigen Geschäften umfassen atypische zustimmungspflichtige Geschäfte solche Geschäfte, die nicht explizit gesetzlich geregelt sind und sich demzufolge aus individuellen Parteivereinbarungen ergeben. Insbesondere wird dabei auf spezielle Vertragsklauseln abgestellt, die eine Zustimmung für explizite Handlungen oder Transaktionen erfordern. Atypische zustimmungspflichtige Geschäfte stellen somit speziellere, im Zuge von außergewöhnlichen Umständen oder individuellen Vereinbarungen auftretende Fälle dar. Im Folgenden sollen atypische zustimmungspflichtige Geschäfte in der Geschäftsordnung aufgeführt werden:

1. Verkauf oder Übertragung von Geschäftsanteilen
2. Änderung der Gesellschaftsstruktur (z. B. die Umwandlung des Unternehmens von einer GmbH in eine AG)
3. Außerordentliche Geschäftsvorfälle (z. B. die Aufnahme von außerordentlichen Krediten, die Übernahme signifikanter Verbindlichkeiten oder außergewöhnlicher Käufe, wie der von Kryptowährungen)

d. Muster einer Geschäftsordnung

Grundsätzlich ist es für Dich wichtig zu verstehen, dass Deine Geschäftsordnung individuell auf Dein Unternehmen und dessen spezifische Anforderungen zugeschnitten sein sollte. Daher soll an dieser Stelle die Empfehlung ausgesprochen werden, sämtliche Personenkreise an der Erstellung der Geschäftsordnung zu beteiligen. Ein Beispiel findet sich unter https://www.soldan.de/media/pdf/c6/65/a4/9783955542887_LP.pdf:

> „Die Gesellschafterversammlung der .... GmbH hat für die Geschäftsführung der Gesellschaft nach Maßgabe von § 5 Abs. 4 der Satzung folgende Geschäftsordnung beschlossen:

§ 1 Geschäftsordnung

1. Die Geschäftsführung besteht aus mindestens zwei Geschäftsführern. Die Mitglieder der Geschäftsführung werden von der Gesellschafterversammlung ernannt und abberufen.
2. Die Mitglieder der Geschäftsführung führen die Geschäfte nach Maßgabe der Gesetze, des Gesellschaftsvertrages, dieser Geschäftsordnung und den Weisungen der Gesellschafterversammlung.

§ 2 Geschäftsverteilung/Vorsitz

Die Gesellschafterversammlung kann jedem Geschäftsführer bestimmte Aufgaben und Geschäftsbereiche zuweisen. Das Nähere bestimmt hierzu ein von ihr zu beschließender Geschäftsverteilungsplan.

§ 3 Geschäftsverteilung/Vorsitz

1. Die Gesellschafterversammlung kann jedem Geschäftsführer bestimmte Aufgaben und Geschäftsbereiche zuweisen. Das Nähere bestimmt hierzu ein von ihr zu beschließender Geschäftsverteilungsplan.
2. Sind mehr als zwei Geschäftsführer bestellt, ist von der Gesellschafterversammlung ein Vorsitzender der Geschäftsführung zu bestimmen. Dieser trägt die Verantwortung für die Koordination der Geschäftsführung. Die Geschäftsführer haben an den Vorsitzenden der Geschäftsführung zu berichten und sind an seine Weisungen gebunden, soweit die Weisung in Übereinstimmung mit dem Gesetz und dem Gesellschaftsvertrag steht.
3. Ferner bestimmt die Gesellschafterversammlung im Falle des Absatzes 2 einen stellvertretenden Vorsitzenden, der bei Verhinderung des Vorsitzenden in die Aufgaben und Befugnisse des Vorsitzenden eintritt.

§ 4 Aufgaben der Geschäftsführer

1. Jeder Geschäftsführer führt die Geschäfte bzw. die ihm zugewiesenen Aufgaben und/oder den Geschäftsbereich selbständig in eigener Verantwortung.
2. Maßnahmen und Geschäfte, die für die rechtliche oder wirtschaftliche Lage der Gesellschaft oder die Stellung der Gesellschaft in der Öffentlichkeit von besonderer Bedeutung sind oder sein können, müssen dem Vorsitzenden der Geschäftsführung unverzüglich mitgeteilt werden. Ist ein Vorsitzender nicht bestimmt, hat die Mitteilung an den oder die anderen Geschäftsführer zu erfolgen.

3. Die Geschäftsführer bedürfen der vorherigen Zustimmung durch Gesellschafterbeschluss für alle Geschäfte und Maßnahmen, wie dies in einem Katalog zustimmungsbedürftiger Geschäfte nach Maßgabe von § 5 Abs. 5 der Satzung von der Gesellschafterversammlung beschlossen wurde.
4. In Fällen äußerster Dringlichkeit sind die Geschäftsführer berechtigt, ohne vorherige Zustimmung der Gesellschafterversammlung zu handeln, wenn sie den Umständen nach annehmen dürfen, dass diese bei Kenntnis der Sachlage die Abweichung billigen würde (Eilmaßnahme). Ist ein Vorsitzender der Geschäftsführung bestimmt, so ist für die Durchführung der Eilmaßnahme dessen Zustimmung notwendig. Die Gesellschafterversammlung ist unverzüglich mit der Bitte um Genehmigung zu unterrichten.

§ 5 Geschäftsführersitzungen

1. Die Geschäftsführer sollen sich regelmäßig, mindestens im Abstand von zwei Wochen, zu Geschäftsführersitzungen zusammenfinden. Jeder Geschäftsführer ist berechtigt, Geschäftsführersitzungen einzuberufen.
2. Sämtliche Angelegenheiten von grundsätzlicher und wesentlicher Bedeutung für die Gesellschaft sind in den Geschäftsführersitzungen zu beraten. Die Ergebnisse der Geschäftsführersitzungen werden in einer Niederschrift festgehalten, die den Mitgliedern der Geschäftsführung und dem von der Gesellschafterversammlung bestimmten Empfangsbevollmächtigten der Gesellschafter zuzuleiten ist.
3. Jeder Geschäftsführer ist berechtigt, auf den Geschäftsführer Anträge zur Tagesordnung zu stellen.
   Ort, Datum, Unterschriften des Protokollführers oder der Gesellschafter"

e. Zustimmungsvorbehalte für die Geschäftsführung

aa) Satzungsbestimmung bei einer GmbH

Sinnvoll ist es, die Möglichkeit der Beschränkung der Geschäftsführungsbefugnis der Geschäftsführenden in der Satzung zu verankern. Denn die Änderung der Satzung benötigt eine qualifizierte Mehrheit der Gesellschafter:innen von drei Vierteilen der abgegebenen Stimmen und muss zudem beurkundet werden (§ 53 Abs. 2 GmbHG). Je mehr Kontrollrechte satzungsmäßig verankert sind, desto leichter ist es möglich, die Mehrheit der Gesellschaftsanteile im Zuge einer Unternehmensnachfolge auf die übernehmende Partei zu übertragen. Es genügt dann, dass die übertragende Partei lediglich die Sperrminorität an der Gesellschaft behält. Eine solche Satzungsbestimmung gibt eine flexible Grundlage für eine Koordinierung und Anpassung der Interessen der Geschäftsführung und der Beteiligten.

Nach Maßgabe von Absatz 4 der nachfolgenden Musterbestimmung wird die Art und Weise der Geschäftsführung durch die Gesellschafter:innen geregelt. Nach Maßgabe von Absatz 5 der nachfolgenden Musterbestimmung können Art und Umfang der zustimmungspflichtigen Geschäfte jeweils durch Gesellschafterbeschluss geregelt, geändert und ergänzt werden. Die Satzungsbestimmung kann folgenden Wortlaut haben:

„**§ 5 Geschäftsführung und Vertretung**

1. Die Gesellschaft hat einen oder mehrere Geschäftsführer. Ist nur ein Geschäftsführer bestellt, dann vertritt dieser die Gesellschaft allein.
2. Sind mehrere Geschäftsführer bestellt, so sind zwei Geschäftsführer gemeinsam zur Vertretung der Gesellschaft berechtigt. Soweit Prokuristen und mehrere Geschäftsführer bestellt sind, ist ein Geschäftsführer auch berechtigt, die Gesellschaft in Gemeinschaft mit einem Prokuristen zu vertreten.
3. Die Gesellschafter können einem Geschäftsführer durch Gesellschafterbeschluss Einzelvertretungsbefugnis erteilen und den Geschäftsführer von den Beschränkungen des § 181 BGB befreien.
4. Die Geschäftsführer sind verpflichtet, die Geschäfte der Gesellschaft in Übereinstimmung mit dem Gesetz, diesem Gesellschaftsvertrag sowie den Beschlüssen der Gesellschafter zu führen.
5. Die Geschäftsführer bedürfen der vorherigen Zustimmung durch Gesellschafterbeschluss für alle Geschäfte, welche die Gesellschafter durch Gesellschafterbeschluss für zustimmungsbedürftig erklären."

bb) Katalog zustimmungsbedürftiger Geschäfte

Auf der Grundlage dieser Satzungsbestimmung kann ein Katalog zustimmungsbedürftiger Geschäfte beschlossen werden. Das nachfolgende Muster für einen Katalog zustimmungsbedürftiger Geschäfte ist als Checkliste gedacht. Ein solcher Katalog ist jeweils auf den Einzelfall anzupassen. Im Hinblick auf die Zustimmungsbedürftigkeit ist zu beachten, dass das Verfahren praktikabel sein soll. Es sollte vermieden werden, dass die Zustimmung zu oftmals kurzfristig abzuschließenden Geschäften nicht daran scheitert, dass eine Gesellschafterversammlung nicht rechtzeitig durchgeführt werden kann. Ist der Katalog über die zustimmungsbedürftigen Geschäfte eher umfangreich, bietet es sich an, dass die Beteiligten hierfür einen eigenen Ausschuss der Gesellschafter:innen einsetzen, der diese Kompetenz für alle Beteiligten übernimmt. Dies kann auch ein Beirat sein, der gleichzeitig Beratungsaufgaben gegenüber den Geschäftsführern übernimmt.

Investor Relations

Wollen wir uns nun damit beschäftigen, wie man mit seinen Investor:innen operativ umgeht bzw. umgehen muss. Sofern diese durch Kapitalerhöhung oder Wandlung Gesellschafter:innen an der Gesellschaft i. S. d. GmbH-Gesetzes geworden sind, stehen diesen qua Gesetz bereits umfängliche Rechte, sog. Gesellschafterrechte, zu. Diese Rechte können je nach den spezifischen Regelungen im Gesellschaftsvertrag der GmbH variieren.

a. Gesellschafterrechte gem. GmbH-Gesetz

Es ist wichtig, dass Gründer:innen sich mit den rechtlichen Rahmenbedingungen vertraut machen, um zu verstehen, welche Rechte Investor:innen haben. Im Folgenden sind die wichtigsten Gesellschafterrechte erklärt, die Gründer:innen kennen und umsetzen müssen:

1. **Stimmrecht (§ 47 GmbHG)**: Die Gesellschafter:innen haben grundsätzlich ein Stimmrecht in der Gesellschafterversammlung und bei einem Gesellschafterbeschluss, es sei denn, das Gesetz oder der Gesellschaftsvertrag sehen etwas anderes vor. Die Stimmrechte wer-

den normalerweise nach der Höhe des Geschäftsanteils des jeweiligen Gesellschafters verteilt.
2. **Teilnahme an Versammlungen:** Beteiligte haben das Recht, an den Gesellschafterversammlungen teilzunehmen. Grundsätzlich wird die Gesellschafterversammlung durch die Geschäftsführung berufen (§ 49 GmbHG). Gesellschafter:innen, deren Geschäftsanteile kumuliert oder alleine mindestens 10 % des Stammkapitals der Gesellschaft entsprechen, sind berechtigt, die Einberufung der Gesellschafterversammlung zu verlangen (§ 50 GmbHG).
3. **Informationsrecht (§ 51a GmbHG):** Gesellschafter:innen haben das Recht, sich über Angelegenheiten der GmbH zu informieren. Dazu gehört der Anspruch auf Einsicht in die Geschäftsunterlagen, soweit dies zur Wahrnehmung der Gesellschafterrechte erforderlich ist. Sie können von der Geschäftsführung Auskunft über Angelegenheiten der GmbH verlangen. Dieses Recht kann jedoch eingeschränkt sein, wenn ein überwiegendes Interesse der Gesellschaft oder anderer Gesellschafter:innen dagegen spricht.
4. **Gewinnanspruch (§ 29 GmbHG):** Beteiligte haben Anspruch auf einen Anteil am Jahresüberschuss zuzüglich Gewinnvortrages der GmbH, der in der Regel proportional zu ihren Geschäftsanteilen ist. Die genaue Verteilung kann jedoch im Gesellschaftsvertrag festgelegt werden.
5. **Liquidationsanteil (§ 72 GmbHG):** Im Falle der Auflösung der GmbH haben Gesellschafter:innen Anspruch auf einen Anteil am Liquidationserlös, nachdem alle Verbindlichkeiten beglichen wurden. Auch hier richtet sich die Verteilung in der Regel nach den Geschäftsanteilen.

Gesellschafter:innen haben also tatsächlich viele Rechte und können die Spielräume der Gründer:innen erheblich schmälern. Es lohnt sich daher, so viele Gesellschafter:innen wie möglich zu poolen (siehe Finanzierung), um etwa Stimmrechte zu binden und Befugnisse zu beschränken. Insbesondere die Mitbestimmungsrechte haben zur Folge, dass beispielsweise bei einer Finanzierungsrunde mit neuen Investor:innen die Zustimmung eingeholt werden muss. Sollten sich Gesellschafter:innen quer stellen, können diese im schlimmsten Fall die ganze Finanzierungsrunde blockieren.

b. In der Praxis: Monatliche Reportings

Nun stellen sich Gründer:innen zurecht die Frage, inwiefern diese Rechte wohl in der Praxis gelebt werden. In der Regel schicken Start-Up-Gründer:innen am Ende des Monats einen Bericht per E-Mail an die Investor:innen, oft genannt „Investor Update" oder „Monthly Reporting". Was genau dieses Reporting beinhalten soll, ist teilweise im SHA („Shareholders Agreement") festgelegt und sollte nach der Finanzierungsrunde noch einmal praktisch besprochen werden. Wie sehr man in diesen Reportings ins Detail geht, obliegt den Gründer:innen. Mindestens sollten jedoch die aktuellen Zahlen kommuniziert werden, also wie viel Umsatz wurde im letzten Monat gewonnen/verloren, wie ist der Gesamtumsatz, wie viel Geld wurde ausgegeben („Burn"), aktuelle Kontostände sowie wie lange das Geld noch reicht („Runway"). Oft gibt es auch spezielle Excel-Vorlagen, die von den Investor:innen vorgegeben werden, in welche man diese Informationen zusätzlich einpflegen muss. Ebenso ist es üblich, über relevante Entwicklungen wie die Teamzusammensetzung, neue Anstellungen und kommerzielle Erfolge mitzuteilen.

Beispielhafter Aufbau eines Reportings
1. Highlights des letzten Monats
2. Lowlights des letzten Monats
3. Zahlen
4. Sales & Marketing
5. Produktentwicklungen
6. HR
7. Ausblick: Ziele für den nächsten Monat
8. Asks (Wie Investor:innen konkret helfen können)

Zusätzlich zum schriftlichen Reporting wird oft in Gesellschaftervereinbarungen ein Turnus beschlossen, in dem Sitzungen stattfinden müssen. Oft sind diese ebenfalls monatlich angesetzt.

c. Board Management

Ab einer gewissen Größe, meistens in der Seed-Runde oder Series-A, wird gesellschaftsrechtlich auch ein Board vereinbart, auf welches gewisse Gesellschafterrechte (siehe oben) zum Beispiel bestimmte Geschäfte übertragen werden können. Typische Geschäfte, welche die Zustimmung des Boards erfordern, sind zum Beispiel die Anstellung neuer Mitarbeiter:innen, die ein Gehalt über 100.000 € bekommen sollen oder generelle Ausgaben, die einen bestimmten Betrag überschreiten. Ebenso wird dann vereinbart, in welchem Turnus das Board zu tagen hat.

Es lohnt sich, schon von Anfang an Board Meetings professionell zu behandeln und gut vor- und nachzubereiten. Die folgenden Best Practices gelten im Übrigen noch viel mehr für Gesellschafterversammlungen, falls kein Beirat/Board eingerichtet wurde.

1. **Agenda:** In jedem Fall sollten Gründer:innen idealerweise direkt mit der Einladung eine Agenda mitschicken, sodass alle Board Mitglieder wissen, um welche Themen es gehen soll.
2. **Präsentation und Unterlagen:** Ebenso ist es Best Practice, die relevanten Sitzungsunterlagen, die besprochen werden sollen, vorab zu zirkulieren, insbesondere Verträge oder Finanzunterlagen.
3. **Moderation des Meetings:** Den Gründer:innen obliegt es, das Meeting effizient zu leiten. Das bedeutet, die Agenda abzuarbeiten und gleichzeitig auf Punkte einzugehen, die außerhalb der Agenda angesprochen werden, ohne dass die Sitzung „gekapert" wird. Wenn Board-Mitglieder dazu neigen, in lange Diskussionen abzuschweifen, bietet es sich an, die Agendapunkte zu timeboxen, sodass alle wissen, dass zum Beispiel für den nächsten Punkt 10 min Diskussion vorgesehen sind und danach die Beschlussfassung folgt.
4. **Dokumentation:** Die Board Meetings sollten stets gut dokumentiert werden. Insbesondere handelt es sich hier um Entscheidungen sowie einzelne Stimmen der jeweiligen Board-Mitglieder. Das Protokoll sollte im Nachgang allen Teilnehmer:innen zugänglich gemacht werden.

Good Governance für Geschäftsführer:innen

Befassen wir uns nun mit den rechtlichen Grundlagen, Pflichten und Best Practices, die alle Geschäftsführer:innen einer UG (haftungsbeschränkt) oder GmbH kennen und einhalten sollten.

a. Einberufung ordentliche/ außerordentliche Gesellschafterversammlung

Als Geschäftsführer:in bist Du verpflichtet, die Gesellschafterversammlung einzuberufen, wenn dies im Interesse der Gesellschaft erforderlich erscheint. Dazu hast Du einen gewissen Entscheidungsspielraum. Im Zweifel solltest Du immer dann daran denken, eine Gesellschafterversammlung einzuberufen, wenn eine außergewöhnliche Situation eintritt, also immer dann, wenn das Vermögen der GmbH bedroht ist, wenn außergewöhnliche Geschäfte abgeschlossen werden oder wenn es um Geschäfte geht, die nicht im Gegenstand der GmbH liegen. Ein Beispiel hierfür ist der Kauf einer Immobilie durch die GmbH.

Unabhängig von solchen Ereignissen hast Du einmal jährlich als Geschäftsführer:in die sogenannte ordentliche Gesellschafterversammlung einzuberufen, um über Angelegenheiten zu beschließen, die unter anderem den Bestimmungen der Gesellschafter:innen unterliegen.

b. Hinterlegungspflicht Bilanz und Buchführung

Einmal jährlich hast Du als Geschäftsführer:in die Pflicht, eine Bilanz zu erstellen, über die Feststellung des Jahresabschlusses bzw. der Bilanz und über die Ergebnisverwendung zu beschließen und schlussendlich die Bilanz beim Bundesanzeiger zu hinterlegen.

Im ersten Geschäftsjahr nach Deiner Gründung hast Du hier zunächst keine To-Dos, jedoch entbindet Dich dies nicht von der Pflicht, auch in diesem Jahr bereits die Bücher der GmbH korrekt zu führen. Hierfür macht es Sinn, sich eine:n Steuerberater:in mit ins Boot zu holen. Bei der Auswahl des:der Steuerberater:in ist es sinnvoll, sich jemanden mit Start-Up-Erfahrung zu suchen.

c. Erstellung von Steuererklärungen

Als Steuerverantwortliche:r der GmbH musst Du dafür Sorge tragen, die Steuererklärungen (Körperschaftssteuer-, Gewerbesteuer- und Umsatzsteuererrklärung) spätestens bis zum 31.05. des auf das dem Geschäftsjahr folgendem Jahres abzugeben. Erstellt der Steuerberater die Steuererklärungen, verlängert sich die Abgabefrist bis zum 30.09. des Folgejahres. Auf Antrag des Steuerberaters kann diese Frist bis zum 31.12. des Folgejahres oder im begründeten Ausnahmefall (z. B. Krankheit) sogar noch weiter verlängert werden.

d. Steueranmeldungen

Du bist als Geschäftsführer:in dazu verpflichtet, Steueranmeldungen für die GmbH abzugeben. Dies umfasst die Umsatzsteuervoranmeldung, die Lohnsteueranmeldung und die Kapitalertragsteueranmeldung.

Die Steueranmeldungen müssen spätestens 10 Tage (also zum 10. des Folgemonats) nach Ablauf des Anmeldezeitraums dem Finanzamt vorliegen. Neu gegründete Unternehmen müssen die ersten zwei Jahre monatlich Voranmeldungen abgeben. Auf Antrag kann eine Dauerfristverlängerung um einen Monat gewährt werden. Steueran- und -voranmeldungen werden auf elektronischem Weg durchgeführt (www.unternehmensregister.de).

Dies solltest Du jedoch nicht selbst übernehmen, sondern hierfür einen Steuerberater für die Steueranmeldungen beauftragen. Diese Steueranmeldungen sind das tägliche Brot der Steuerberater und die Kosten hierfür sind überschaubar.

e. Pflicht zur Erhaltung des Stammkapitals

Du bist als Geschäftsführer:in dafür verantwortlich, dass das Vermögen, welches zur Erhaltung des Stammkapitals verantwortlich ist, nicht an die Gesellschafter:innen ausgezahlt wird. Auszahlungen sind danach nur zulässig, wenn das Reinvermögen der Gesellschaft (= Summe der Aktiva; Fremdkapital + Rückstellungen) größer ist als die ausgewiesene Stammkapitalziffer. Dies ergibt sich aus der handelsrechtlichen Bilanz Deiner Gesellschaft. Bei einer GmbH liegt das Stammkapital normalerweise bei EUR 25000. Bei Verstoß entsteht eine Rückzahlungsverpflichtung der Gesellschafter:innen. Damit würdest Du als Gesellschafter:in oder Geschäftsführer:in persönlich haften. Du müsstest die ausgezahlten Beträge an die GmbH dann aus Deinem eigenen Vermögen erstatten.

Vor diesem Hintergrund solltest Du in regelmäßigen Abständen Dein Reinvermögen kontrollieren.

f. Insolvenzantragspflicht und Zahlungsverbot

Nicht immer läuft alles rund: Leider kann es passieren, dass es nicht so läuft, wie Du es Dir vorstellst und Dir langsam das Geld ausgeht. In der Krise verändern sich die Pflichten des:der Geschäftsführer:in. Die wichtigsten Pflichten in einer Krise, von denen Du etwas gehört haben solltest, sind nachstehend zusammengefasst:

aa) Insolvenzantragspflicht

Treten eine der zwei Insolvenzgründe (Zahlungsunfähigkeit und Überschuldung) ein, so musst Du grundsätzlich sofort oder wenn Sanierungsaussichten bestehen innerhalb von drei Wochen bei Eintritt von Zahlungsunfähigkeit bzw. sechs Wochen bei Überschuldung einen Insolvenzantrag stellen. Tust Du dies nicht, kannst Du Dich sogar strafbar machen.

bb) Zahlungsverbote

ACHTUNG Unabhängig von der Pflicht zur Insolvenzantragsstellung droht Dir eine schwere persönliche Haftung, wenn Du nicht auch bei Eintritt der Zahlungsunfähigkeit sofort den Zahlungsverkehr Deines Unternehmens einstellst. Für jede verbotene Zahlung, die Du für die Gesellschaft vornimmst, haftest Du ansonsten mit Deinem persönlichen Vermögen. Ab dem Eintritt der Zahlungsunfähigkeit darfst Du nur noch Zahlungen tätigen, die „mit der Sorgfalt eines ordentlichen und gewissenhaften Geschäftsleiters vereinbar sind". Was hierunter zu verstehen ist, ist weder im Gesetz noch durch die Rechtsprechung klar definiert. Daher solltest Du – um auf Nummer sicher zu gehen – ab dem Eintritt der Zahlungsunfähigkeit nur noch Zahlungen tätigen, die ausdrücklich erlaubt sind. Ausdrücklich erlaubt sind folgende Zahlungen:

- Abführung des Arbeitnehmer:innenanteils des Sozialversicherungsbeitrags
- Zahlungen, welche bei Nichtleistung zur sofortigen Stilllegung des Geschäftsbetriebs führen würden, z. B.
  – Strom
  – Wasser
  – Heizung
  – (teilweise) Löhne und Gehälter
  – Miete der Geschäftsräume
  – eine der Höhe nach angemessene Vergütung des:der Sanierungsberaters:in

Auch musst Du in der Krise und vor dem Eintritt von der Zahlungsunfähigkeit aufpassen, dass Du keine Zahlung an die Gesellschafter:innen Deiner Gesellschaft vornimmst, die zur Zahlungsunfähigkeit führt. Denn auch hier gilt, dass Du für solche verbotenen Zahlungen persönlich haftest.

Wegen des Haftungsrisikos, das hiermit verbunden ist, soll hiermit die Empfehlung ausgesprochen werden, in regelmäßigen Abständen den möglichen Eintritt von Insolvenzgründen zu prüfen.

g. Rechtliche Grundlagen für die persönlich Haftung

i. Geschäftsführer:innen können persönlich haften

Insbesondere GmbH-Geschäftsführer:innen sind häufig der Ansicht, durch die Pflichteinlage von 25.000 € geschützt zu sein und darüber hinaus keine Haftung befürchten zu müssen. Auch hören wir häufig, dass Geschäftsleiter:innen davon ausgehen, dass nur dann die Gefahr einer persönlichen Haftung besteht, wenn mit Vorsatz gegen eine rechtliche Pflicht verstoßen wird. Viele öffentlichkeitswirksamen Prozesse in den vergangenen Jahren haben jedoch gezeigt, dass sich Geschäftsleiter:innen, die ihre Sorgfaltspflichten verletzen, erheblichen Ansprüchen ausgesetzt sehen – auch bei einfacher Fahrlässigkeit.

Die Nichteinhaltung der gebotenen Sorgfalt kann die persönliche Haftung gegenüber dem Unternehmen zur Folge haben: So verlangte die Deutsche Bank aus genau diesem Grund von ihrem ehemaligen Vorstandsvorsitzenden, Rolf Breuer, Schadensersatz in Höhe von 3,5 Mrd. € in Folge der aufsehenerregenden Leo Kirch-Affäre.

Ob und wie hoch ein:e Manager:in haftet, richtet sich nach dem sog. Sorgfaltsmaßstab:

Geschäftsführer:innen (GmbH) haben bei der Führung der Geschäfte die „Sorgfalt eines ordentlichen (und gewissenhaften) Geschäftsleiters" anzuwenden (gem. § 43 I GmbHG).

Dieser Maßstab gilt für jedes Handeln von Geschäftsleiter:innen, vor allem bei Überwachungspflichten und Entscheidungen.

Werden diese Entscheidungen nicht anhand des Sorgfaltsmaßstabs getroffen oder kann im Streitfall nicht bewiesen werden, dass dieser eingehalten wurde, so haften die Geschäftsleiter:innen **persönlich**.

1. **Folgen bei Pflichtverletzungen** Haben Geschäftsleiter:innen eine Pflicht verletzt, kann dies einen erheblichen Schadensersatz- oder Clawback-Anspruch zur Folge haben. Ebenfalls kann die Zuverlässigkeit der Geschäftsleiter:innen angezweifelt werden, wodurch wiederum die Eignung zur Führung eines Unternehmens verneint werden kann. Auch kann die Verletzung einer Pflicht arbeitsrechtliche Konsequenzen haben: Geschäftsleiter:inenn können gekündigt werden.

Diese möglichen Folgen bei Pflichtverletzungen solltet ihr kennen:

a. Schadensersatz (§ 43 II GmbHG) kann das Unternehmen von Geschäftsleiter:innen verlangen, die ihre Sorgfaltspflicht verletzen oder die nicht beweisen können, dass sie ihrer Sorgfaltspflicht nachgekommen sind.

- **Die Anspruchshöhe ist unbegrenzt** und kann alle Verluste des Unternehmens abdecken – was ohne Weiteres zur **Privatinsolvenz der Geschäftsleiter:innen** führen kann.
- Geschäftsleiter:innen sind **beweispflichtig** („Beweislastumkehr") und müssen demnach beweisen, dass sie ihrer Sorgfaltspflicht nachgekommen sind – und dies oft viele Jahre später.

b. Clawback (§§ 18, 20 InstitutsVergVO, § 87 AktG) bedeutet das Recht auf Rückforderung der gesamten variablen Vergütung (also Boni) des Geschäftsleiters der letzten (mindestens) 5 Jahre bei Verstoß gegen Verhaltens- und Anstandsnormen oder wenn das Verhalten des Geschäftsleiters zu erheblichen Verlusten oder einem behördlichen Eingriff geführt hat. Dieser Anspruch wird aber meist bei Geschäftsfüher:innen eines Start-ups nicht einschlägig sein, da meist keine variable Vergütung gezahlt wird.

ACHTUNG Lange Verjährungsfristen: Selbst wenn Geschäftsleiter:innen bereits ausgeschieden sind, können diese Ansprüche gegen sie geltend gemacht werden. Bei einer Pflichtverletzung beläuft sich die Verjährungsfrist auf mindestens 5 Jahre, nachdem der Schaden entstanden ist, wobei die Betroffenen ihre Unschuld beweisen müssen. Bei börsennotierten Unternehmen gilt die Nachhaftung sogar 10 Jahre.

ii. Innen- und Außenhaftung verstehen
Haften Geschäftsleiter:innen persönlich, so haften sie grundsätzlich der Gesellschaft gegenüber (gemäß einem Schadensersatzanspruch nach § 43 II GmbHG und den Clawback-Ansprüchen). Teilweise können jedoch auch externe Dritte die Geschäftsleitung in Anspruch nehmen.

1. Innenhaftung Haften Geschäftsleiter:innen der **Gesellschaft** gegenüber, gilt grundsätzlich: Die Geschäftsleiter:innen **müssen** in einem solchen Fall von der Gesellschaft in Anspruch genommen werden – es handelt sich hierbei nicht um eine Ermessensentscheidung, sondern eine gebundene Entscheidung der Gremien und Vertreter:innen der Gesellschaft. Das bedeutet, **die Gesellschaft ist grundsätzlich verpflichtet, die Geschäftsleiter:innen zu verklagen.**

Bei einer GmbH ist es in der Regel die **Gesellschafterversammlung** selbst, welche Ansprüche gegen die Geschäftsführer:innen geltend macht. Wenn die GmbH einen **Beirat** hat, so kann diesem häufig die Pflicht übertragen werden.

2. Ansprüche drohen auch durch externe Dritte Haftung aus Pflichtverletzung gegenüber Dritten kann auch zu Ansprüchen von Außenstehenden gegen die Geschäftsleitung persönlich führen. So können etwa die folgenden Institutionen Ansprüche direkt gegen die Mitglieder der Geschäftsleitung geltend machen, etwa aus *§ 69 AO* (Steuern) oder *§ 826 BGB* (vorsätzlich sittenwidrige Schädigung):

- Sozialversicherungsträger
- Finanzamt, z. B. Untersuchungen und Verfahren in Steuersachen
- Insolvenzverwalter
- Datenschutzbehörden
- Banken
- Kunden, Lieferanten und Wettbewerber

iii. Rechtliche Absicherung gegen die persönliche Haftung

Um Dich vor diesen Folgen zu schützen, solltest Du als Geschäftsleiter:in auf jeden Fall Maßnahmen zur Vorbeugung und Absicherung treffen. Zur bestmöglichen Absicherung gegen Haftungsfälle bietet es sich an, die folgenden drei Vorkehrungen zu treffen:

1. **Enthaftungsmaßnahmen beugen einer persönlichen Haftung vor**: Welche Enthaftungsmaßnahmen sinnvoll sind, richtet sich danach, ob es sich um eine gebundene oder um eine unternehmerische Entscheidung handelt (siehe dazu im Detail iv.).
2. **Dokumentation beweist die Vornahme der Enthaftungsmaßnahmen**: Die Entscheidungsfindung ist umfassend **zu dokumentieren**. Die Dokumentation der Entscheidungsfindung sollte dann systematisch **abgelegt** und verwahrt werden.
3. **Versicherungen schützen, wenn ein Haftungsfall eingetreten ist.** Diese Versicherungen kommen in Betracht:

- D&O Versicherungen
- Straf-Rechtsschutzversicherungen
- Anstellungsvertragsrechtsschutz
- Vermögensschadensrechtsschutz

iv. Art der Entscheidungen

Welche Enthaftungsmaßnahmen zielführend sind, richtet sich nach der **Art der Entscheidung**. Daher ist im ersten Schritt zu identifizieren, ob es sich um eine **gesetzlich gebundene** oder **unternehmerische Entscheidung** für Geschäftsleiter:innen handelt. Je nachdem gelten völlig unterschiedliche Kriterien, wie für eine Enthaftung vorgegangen werden muss und wie die jeweilige Entscheidung im Nachhinein bei der Prüfung etwaiger Haftungsansprüchen zu bewerten ist.

1. Unternehmerische Entscheidungen Eine unternehmerische Entscheidung liegt vor, wenn eine Wahl zwischen mehreren rechtmäßigen Optionen besteht, die auf Annahmen, Prognosen und einer Ermessensausübung beruhen.

Beispiele: Bewertung, Dealstruktur, Kauf eines Unternehmens, Einstellen einer Führungsrolle etc.

Geschäftsleiter:innen müssen bei einer unternehmerischen Entscheidung vernünftigerweise davon ausgehen, dass sie über ausreichende Informationen verfügen und eine Entscheidung zum Wohle des Unternehmens treffen. Hierbei ist zu beachten, dass Geschäftsleiter:innen aber nicht für wirtschaftliche Misserfolge haften – sie sind rechtlich nicht dazu verpflichtet, die profitabelste aller verfügbaren Optionen zu wählen.

a. Enthaftungsmaßnahme Unternehmerische Entscheidungen führen nicht zu einer Haftung, wenn sie der **Business Judgment Rule** folgen. Die Anwendung der Business Judgement Rule sollte sorgfältig dokumentiert werden, um einer Haftung vorzubeugen. Ebenfalls kann ein Gesellschafterbeschluss die persönliche Haftung der Geschäftsleiter:innen bei einer unternehmerischen Entscheidung verhindern.

b. Business Judgment Rule Die **Business Judgment Rule** regelt, dass eine haftungsbegründende Pflichtverletzung nicht vorliegt, wenn Geschäftsleiter:innen bei einer „unternehmerischen Entscheidung" vernünftigerweise annehmen durften, auf der Grundlage angemessener Informationen zum Wohle der Gesellschaft zu handeln. Damit die Business Judgement Rule richtig ausgeübt wird, solltest Du folgende Voraussetzungen beachten:

- **Angemessene Informationsgrundlage:** Sammeln und Berücksichtigen ausreichender Informationen (dies ist zu dokumentieren!)
    - **Vermeiden:** Unausgewogene Informationsbasis: Unbequeme Aspekte werden gar nicht erst betrachtet
- **Abwägung:** Abwägen, was dem Unternehmenswohl dient und was ihm schadet (dies ist zu dokumentieren!)
    - **Vermeiden:** Voreingenommene Bewertung: Einseitiges Versteifen auf angestrebte Vorteile, unverantwortliches Kleinreden von Risiken
- **Entscheidung:** Wahl einer Handlungsoption zum Vorteil für das Unternehmen. Es wird immer eine Handlungsoption geben, selbst

wenn diese Option lautet, einfach nichts zu machen. Diese unterschiedlichen Optionen solltest Du auf jeden Fall auch dokumentieren.

– **Vermeiden:** Tunnelblick Entscheidungen für „unvermeidlich" oder „alternativlos" halten

c. *Gesellschafterbeschlüsse* Handeln Geschäftsleiter:innen aufgrund eines Beschlusses der Gesellschafterversammlung, haften sie grundsätzlich nicht für entstandene Schäden. Dies gilt selbst dann, wenn die Handlung nicht „der Sorgfalt eines ordentlichen Geschäftsmannes" *(§ 43 GmbHG)* entsprach. Vor dem Hintergrund dieses weitreichenden Schutzes von Gesellschafterbeschlüssen ist es ratsam, bei Entscheidungen, die erhebliche Implikationen auf den Geschäftsbetrieb haben werden und/oder einen erheblichen Geldfluss zur Folge haben, vorsorglich einen Gesellschafterbeschluss einzuholen. Im Zweifel ist es besser, einen Gesellschafterbeschluss einzuholen, als keinen.

Dieser Schutz greift jedoch nicht, wenn der Beschluss an sich rechtswidrig und/oder nicht ordnungsgemäß zustande gekommen ist.

Folgendes ist beim Fassen eines Gesellschafterbeschlusses zu beachten:

- **Eindeutigkeit:** Gesellschafterbeschluss sollte klare, praktikable Anweisungen an die Geschäftsführung enthalten.
- **Vorbereitung der Gesellschafter:innen:** Die Gesellschafter:innen sollten durch die Bereitstellung aller relevanten Informationen ordentlich vorbereitet werden.
- **Rechtmäßigkeit/keine Nichtigkeit:** Bezüglich der zu beachtenden Form- und Fristvorgaben, solltest Du Deine Satzung anschauen und den Beschluss nach diesen Vorgaben fassen. Du solltest auf jeden Fall sicherstellen, dass der Beschluss nicht nichtig bzw. anfechtbar ist.

Diese Fehler solltest Du bei der Erstellung von Gesellschafterbeschlüssen vermeiden:

- **Kein formaler Beschluss:** Informelle Entscheidungen oder Stellungnahmen bieten, wenn überhaupt, nur begrenzten Schutz.

- **Überholter Beschluss:** Nur das Handeln auf der Grundlage eines aktuellen Beschlusses schützt. Falls sich die Umstände nach dem Fassen eines Beschlusses bereits geändert haben, müsstest Du einen neuen Beschluss einholen.
- **Teileinholung:** Für einen rechtssicheren Beschluss sind alle Gesellschafter:innen zu beteiligen; wird zum Beispiel nur der:die Mehrheitsgesellschafter:in gefragt, liegt kein Beschluss der Gesellschafterversammlung vor.

2. Rechtlich gebundene Entscheidung Von der unternehmerischen Entscheidung ist die **rechtlich gebundene Entscheidung** abzugrenzen. Eine Entscheidung ist gesetzlich gebunden, wenn es nur **eine rechtmäßige Option gibt** und die Entscheidung auf Gesetz „einhalten oder nicht" beschränkt ist. **Beispiele:** Ad-hoc Mitteilungen, Einberufung der ordentlichen Gesellschafterversammlung.

Geschäftsleiter:innen müssen die geltenden Gesetze kennen, verstehen und die rechtmäßige Option wählen. Wenn Du Dir nicht sicher bist, ob das Gesetz eine Entscheidung vorgibt, musst Du einen qualifizierten und unabhängigen Sachverständigen befragen.

Denn: Geschäftsleiter:innen haften grundsätzlich für rechtswidrige Entscheidungen. Sie können sich exkulpieren, wenn sie einen zuverlässigen Rat eingeholt haben (siehe ISION-Grundsätze).

Rechtlich gebundene Entscheidungen führen nicht zu einer Haftung, wenn sie den ISION-Grundsätzen entsprechen. Gesellschafterbeschlüsse können auch bei gebundenen Entscheidungen im Einzelfall einer Haftung vorbeugen, jedoch nur dann, wenn geltendes Recht dem Beschluss bzw. der Entscheidung **nicht offensichtlich entgegensteht**.

a. Grundsätze des ISION-Urteils Nach den **Grundsätzen des ISION-Urteils** des BGH wird für die Enthaftung gefordert, dass ein:e Geschäftsleiter:in sich, wenn diese:r selbst nicht über die erforderliche Fachkunde verfügt, unter umfassender Darstellung der Verhältnisse der Gesellschaft und Offenlegung der erforderlichen Unterlagen von einem:er unabhängigen, für die zu klärende Frage fachlich qualifizierte:n Experten:in beraten lässt und die erteilte Rechtsauskunft einer sorgfältigen Plausibilitätskontrolle unterzieht.

Wenn Du bei einer gebundenen Entscheidung einer Haftung vorbeugen und dabei die ISION-Grundsätze beachten möchtest, dann solltest Du auf Folgendes achten:

- **Experte:** Beauftragung eines qualifizierten, unabhängigen Sachverständigen.
- **Unverbindliche Gutachten:** Keine Entwürfe akzeptieren, sondern nur finale datierte Gutachten; Einschränkungen des Rats beachten (Haftungsausschluss!).
- **Überlassen aller relevanten Informationen:** Bereitstellung umfassender Informationen.

Folgende Punkte solltest Du auf jeden Fall **vermeiden**:

- **Keine dokumentierte Faktenbasis:** Sachverständige:r muss Umfang der Beratung und den relevanten faktischen Hintergrund dokumentieren.
- **Keine Plausibilitätskontrolle und Übernahme der Expertenmeinung:** Du musst die erhaltenen Ratschläge auf Plausibilität kontrollieren. Eine einfache Übernahme der Handlungsempfehlungen des:der Experten:in reicht nicht aus.
- **Gefälligkeitsgutachten:** Es darf sich bei dem Gutachten nicht um ein ergebnisorientiertes Gefälligkeitsgutachten mit voreingenommener Beratung handeln. Daher ist es wichtig, eine nachfolgende Plausibilitätsprüfung zu dokumentieren.

3. Dokumentation ist das A&O Unabhängig davon, um welche Art der Entscheidung es sich handelt: Du musst stets dokumentieren, dass Du die Enthaftungsmaßnahmen vorgenommen hast. Nur durch die ausreichende und ordentliche Dokumentation kann ein:e Geschäftsleiter:in in einem Streitfall darlegen, dass er/sie die oben aufgeführten Enthaftungsmaßnahmen ergriffen und sich somit nicht haftbar gemacht hat.

Je besser die Dokumentation, desto einfacher gelingt dieser Beweis. Vor dem Hintergrund der Beweislastumkehr in Haftungsprozessen sollten Geschäftsleiter:innen höchste Anforderungen an die Dokumentation ihrer Entscheidungen stellen.

Die Entscheidungsfindung und die Entscheidung an sich können in Präsentationen, Beschlussvorlagen oder Sitzungsprotokollen dokumentiert werden. Bei der richtigen Dokumentation können euch Tools wie Fides (www.fides.technology) helfen.

4. Plan B: Für die Haftung: D&O Versicherungen Eine D&O-Versicherung steht für „Directors and Officers Insurance" (auch bekannt als „Manager-/Organhaftpflichtversicherung"). Die D&O-Versicherung ist eine spezielle Art von Haftpflichtversicherung, die Führungskräfte wie Geschäftsführer:innen vor persönlicher Haftung schützt, die sich aus den Entscheidungen und Handlungen in ihrer beruflichen Tätigkeit ergibt.

Die D&O Versicherung bietet finanzielle Absicherung für Betroffene, wenn sie wegen (angeblicher) Pflichtverletzungen in ihrer Funktion haftbar gemacht werden. Sie deckt die Kosten der Rechtsverteidigung (Stichwort: „Beweislastumkehr"), Schadensersatzforderungen und andere mit der Haftung verbundene Kosten ab.

Die genauen Deckungsumfänge und Bedingungen einer D&O-Versicherung variieren je nach Versicherungsgesellschaft und Vertrag stark. Es ist wichtig, die Versicherungsbedingungen sorgfältig zu prüfen und auf eventuelle Ausschlüsse oder Beschränkungen zu achten. Der Bedarf der D&O-Versicherungen ist für jedes Unternehmen individuell abzustimmen und richtet sich etwa nach Rechtsform, Jurisdiktion, Unternehmensgröße, Internationalität, Börsennotierung und weiteren individuellen Kriterien (z. B. reguliertes Umfeld, angespannte Finanzlage vs. Wachstumsunternehmen etc.).

Es bietet sich also für Geschäftsführer:innen von Unternehmen an, sich eine D&O Versicherung zu holen.

Hilfreiche Tools

Für die meisten oben genannten administrativen Aufgaben gibt es bereits Tools, die Dich hier unterstützen können.

a. Fides (www.fides.technology)

Fides ist eine Software, die Dir zum einen dabei hilft, Deine gesellschaftrechtlichen Pflichten zu beachten und zum anderen könnt Gesellschafterbeschlüsse auf rechtmäßige Art und Weise durchführen. Fides berät auch bei der Frage, ob Du bei diesem Geschäft überhaupt einen Gesellschafterbeschluss brauchst. Die Software stellt dann die passenden Templates. Der gesamte Prozess der Abstimmung und Signatur des Beschlusses kann ebenfalls über Fides laufen. Der Beschluss wird dann mit einem rechtssicheren Audit Trail ordentlich abgelegt.

b. Bunch (www.bunch.capital)

Bunch hat sich auf die Treuhandlösung beim Pooling von Angels spezialisiert. Bunch hilft somit bei dem Management von vielen gepoolten Angels und agiert dabei als Treuhänder.

c. Ledgy (www.ledgy.com) und Carta (www.carta.com)

Cap Table Management Tools wie Ledgy und Carta können Dir dabei helfen, Deine Gesellschafter:innen und VSOPs zu managen. Carta ist die amerikanische und Ledgy ist hier die europäische Lösung. Diese Art von Tools macht aber meist erst dann Sinn, wenn Dein Cap Table wegen der Ausgabe von VSOPs oder ESOPs einen gewissen Grad an Komplexität erreicht hat.

Schutzrechte

Der Schutz des eigenen geistigen Eigentums (Intellectual Property, kurz: IP) wird bei der Gründung von Start-Ups oftmals nicht als Priorität gesehen. Für Gründer:innen sollte es allerdings von besonderer Wichtigkeit sein, sich nicht nur mit der Idee und dem Team, sondern insbesondere mit Schutzrechten zu beschäftigen, um ihr geistiges Eigentum zu schützen. Fehler bezüglich ihres IP lassen sich nachträglich meist nur noch schwer und dann unter hohem Kostenaufwand ausmerzen.

a. Patente

Demzufolge solltest Du in einem ersten Schritt überprüfen, ob Deine Innovation patentierbar ist und Dir über eine potenzielle Patentanmeldung Gedanken machen. Grundsätzlich ist hierbei wichtig zu wissen, dass Patente prinzipiell Erfindungen schützen und dem Inhaber das alleinige Recht auf diese gewähren, respektive die Erfindung alleine kommerziell zu nutzen.

b. Marke

In einem nächsten Schritt solltest Du sicherstellen, dass der Name Deines angebotenen Produkts bzw. Deiner Dienstleistung nicht bereits anderweitig verwendet wird. Deine Marke kennzeichnet grundlegend Dein Unternehmen und dient zur Unterscheidung von Deiner Konkurrenz. Öffentlich zugängliche Online-Markenregister sind dabei Deine erste Anlaufstelle. Aber Vorsicht! Im Rahmen des Registers ist es Dir lediglich möglich, nach einem konkreten Namen Ausschau zu halten. Marken, die einer Nutzung ebenfalls entgegenstehen, wie etwa durch Unternehmenskennzeichen, werden in den meisten Fällen nicht angezeigt. Sofern es sich bei Deinem Start-up um ein internationales Projekt handelt, kann es demnach sinnvoll sein, einen externen Dienstleister zu beauftragen.

Nachdem Du durch die Markenrecherche den gewünschten Dir zur Verfügung stehenden Namen gewählt hast, gilt es, eine Markenanmeldung durchzuführen, um mögliche rechtliche Probleme zu vermeiden. Für die Anmeldung muss ein Waren- und Dienstleistungsverzeichnis angehängt werden. Deine Kosten beim Deutschen Patent- und Markenamt (DPMA) werden sich weiterhin auf eine Anmeldegebühr von 300 € bzw. 290 € bei einer Online-Anmeldung belaufen. Sofern Du die Marke für mehr als drei Waren und Dienstleistungsklassen anmelden möchtest, wird Dir für jede weitere Klasse eine Gebühr von 100 € berechnet. Wenn Du bereit bist, über die Grundgebühr hinaus noch einmal 100 € zu zahlen, kannst Du eine beschleunigte Prüfung der Anmeldung durchführen lassen.

Neben Wörtern können weiterhin auch grafische Darstellungen, 3D-Gestaltungen oder akustische Erkennungsmittel angemeldet und mithin geschützt werden. Ein solcher Schutz umfasst dabei nicht nur identische, sondern auch verwechslungsfähige Zeichen. Jedoch ist dieser Schutz nicht allgemeingültig! Er gilt lediglich für das Land, in welchem die Marke angemeldet wurde. Willst Du also Deinen Namen in mehreren Ländern schützen, musst Du Dich grundsätzlich in jedem Land um eine nationale Marke bemühen. Das kannst Du vermeiden, indem Du eine Gemeinschaftsmarke anmeldest. Diese bietet zumindest in allen

EU-Mitgliedstaaten Schutz und ist beim Harmonisierungsamt für den Binnenmarkt (HABM) anzumelden. Die Online-Anmeldung einer Gemeinschaftsmarke mit bis zu drei Klassen kostet 900 €. Für jede weitere Klasse werden Dir 150 € berechnet.

Nachdem Du Deinen Teil zur Anmeldung getan hast, liegt es vorerst an dem jeweils zuständigen Amt, Deine Anfrage zu prüfen. Bei Genehmigung wird Deine Anmeldung veröffentlicht und Dritten steht es zu, innerhalb einer Widerspruchsfrist gegen die Eintragung Deiner Marke Widerspruch einzulegen. In einem letzten Schritt wird die Marke sodann ins Markenregister eingetragen.

c. Urheberrecht

Durch das Urheberrecht werden Originalwerke wie beispielsweise Softwares, kreative Inhalte, Designelemente oder Texte vor unbefugter Verwendung sowie Verbreitung geschützt. Dabei ist neben dem Designgesetz und dem Patentgesetz insbesondere das Urheberrechtsgesetz (UrhG) von Relevanz. Bevor Du also im Rahmen Deines Unternehmens urheberrechtlich geschützte Inhalte verwendest, solltest Du sicherstellen, dass Du bereits über mögliche erforderliche Rechte verfügst bzw. nötige Lizenzen erwirbst.

Die Urheberrecht an einem Werk (so wie Deinem Produkt) entsteht in der Person, die das Werk grundlegend erschaffen hat (§ 7 UrhG). Sofern Du Dein Produkt also im Team geschaffen hast, steht prinzipiell allen Teammitgliedern ein Urheberrecht an dem Werk zu (§ 8 UrhG), unter der Bedingung, dass ihr jeweiliger Beitrag zum Werk alleinstehend schutzfähig ist.

Auch in puncto Geschäftsgeheimnissen lauern mögliche Gefahren. Diese stellen nämlich vertrauliche Informationen dar, die einerseits einen wirtschaftlichen Wert aufweisen und zum anderen nicht allgemein bekannt sind. Um diesbezüglich einen Schutz gewährleisten zu können, solltest Du Dich um interne Sicherheitsmaßnahmen bemühen. Dies kann beispielsweise durch Geheimhaltungsvereinbarungen mit Angestellten, geschäftlichen Kontakten sowie Zulieferinnen erfolgen.

d. Nachahmungsschutz

Zur Gewährleistung eines Nachahmungsschutzes ist es Deine Aufgabe, Deine Produkte bzw. Dienstleistungen zu überwachen und bei einem potenziellen Nachahmungsverdacht einen Rechtsanwalt oder Fachexperten für geistiges Eigentum einzuschalten. Beachte hierbei bitte ausdrücklich, dass Deinem Start-up selbst niemals ein Urheberrecht zustehen kann und damit prinzipiell keine Rechte am Produkt hat und dementsprechend nicht gegen Drittnutzende vorgehen kann. Solche Rechte müssen erst von den Urheberberechtigten erworben werden und können als einfaches oder ausschließliches Recht sowie räumlich, zeitlich oder unter inhaltlicher Beschränkung erworben werden. Ein Vorgehen gegen Dritte ist dabei lediglich bei Übertragung des ausschließlichen Nutzungsrechts möglich. Sofern hinsichtlich des Umfangs der Nutzungsrechtseinräumung Unklarheit besteht, wird grundsätzlich zugunsten des bzw. der Urheberberechtigten vermutet, dass eingeräumte Rechte nur insoweit gelten sollen, wie zur Erreichung des Vertragsziels notwendig ist. An dieser Stelle gilt die Empfehlung, schon in die Arbeitsverträge eine Klausel bezüglich der Nutzungsrechte einzubauen.

Vorsicht ist hierbei geboten, sofern der Urheberberechtigten bei Dir angestellt ist. Dieser hat nämlich gemäß § 32a UrhG einen Anspruch auf angemessene Beteiligung, wenn seine Vergütung in einem auffälligen Missverhältnis zu dem steht, was später an Erträgen und Vorteilen aus der Werknutzung herauskommt. Unter Umständen kann also bei besonderem Erfolg eine Nachzahlung auf Dich zukommen.

Allgemeine Geschäftsbedingungen

Gehen wir nun den Teil der Allgemeinen Geschäftsbedingungen (AGB) an. Diese sind für einen erfolgreichen Kundenkontakt essenziell. Rechtlich gesehen finden AGB ihre Regelungen in den §§ 305 ff. BGB und beschreiben für eine Vielzahl von Verträgen vorformulierte Vertragsbedingungen, die Du Deiner Kundschaft bei Abschluss eines Vertrages einseitig auferlegen kannst. Solche Vertragsbedingungen kannst Du dabei entweder im Vertragstext aufführen oder vollständig gesondert beilegen.

AGB führen grundsätzlich zu einer deutlichen Stärkung Deiner Rechtsposition und beugen aufgrund ihrer vertraglichen Regelungen Zweifel hinsichtlich des Vertragsinhalts vor. Deshalb können AGB nicht ohne Weiteres schrankenlos aufgesetzt werden. Zum einen gibt es einige rechtliche Anforderungen, die je nach Land, in welchem Du tätig wirst, unterschiedlich ausfallen können. Insbesondere ist in diesem Zuge auf Gesetze hinsichtlich Verbraucherschutz, E-Commerce, Urheberrecht, Datenschutz sowie Werbung zu verweisen. Beachte hierbei, Deine AGB an geltenden Vorschriften anzupassen. Darüber hinaus musst Du essenzielle Hinweise, beispielsweise Widerrufsbelehrungen bei Fernabsatzgeschäften, in Deine AGB einbauen und nicht rechtskonforme, mithin unwirksame Klauseln vermeiden. So dürfen Klauseln unter anderem nicht „überraschend" sein und Dein Gegenüber hinsichtlich der Gebote von Treu und Glauben nicht unangemessen benachteiligen. Du kannst auch gesetzliche Gewährleistungsregelungen zulasten der anderen Vertragspartei nur sehr geringfügig einschränken. Deutlich großzügiger sind die Gestaltungsmöglichkeiten im Bereich der Haftung auf Schadensersatz. Zwar ist es Dir untersagt, Deine Haftung nach dem Produkthaftungsgesetz bzw. für Vorsatz und Personenschäden zu begrenzen. Es ist allerdings möglich, Deine Haftung bezüglich sämtlicher Nebenpflichten, Pflichtverletzungen Deiner Erfüllungshilfspersonen und für Mangelfolgeschäden auf einfache sowie mittlere Fahrlässigkeit zu beschränken.

An dieser Stelle gilt die ausdrückliche Warnung, fremde, ungeprüfte AGB ohne weiteres für Dein Start-up zu übernehmen. In den meisten Fällen werden diese abgemahnt, was dann Verzögerungen im Unternehmen nach sich ziehen kann. Außerdem solltest Du tunlichst darauf achten, Deine AGB benutzerfreundlich, also klar verständlich zu verfassen. Achte darauf, dass AGB, die entweder auf der Rückseite des Vertrages oder auf einem gesonderten Schriftstück verschriftlicht sind, gegenüber der anderen Vertragspartei nur wirksam werden, wenn Du vor Vertragsschluss ausdrücklich und in zumutbarer Weise auf Deine AGB hinweist. Um späteren Unklarheiten oder Streitigkeiten entgegenzuwirken, solltest Du von Deinen Vertragspartner:innen eine ausdrückliche und keine stillschweigende Zustimmung zu Deinen AGB einholen. Ganz einfach gesagt: Setze Deine AGB auf den Vertrag und lasse diesen unterschreiben. Damit wird die Zustimmung Deiner Vertragspartner:innen zu Deinen AGB zweifelsfrei erteilt.

Mache Dich zudem mit dem Prinzip des Vorrangs der Individualabrede vertraut, was bedeutet, dass Deine AGB von individuellen Absprachen mit Deinem Gegenüber verdrängt werden. Schreibe solche Abreden stets ausdrücklich und separat in Deinem Vertrag nieder!

Websites

Kommen wir nun zur Außendarstellung Deines Unternehmens: Der Website. Diese bleibt gerade in der Gründungsphase die alleinige Informationsquelle für Deine Kund:innen und Investor:innen. Deshalb sollte sie nicht nur schnell einsatzbereit sein und eine Seriosität ausstrahlen, sondern in einem weiteren Schritt variabel auf Dein angestrebtes zukünftiges Wachstum anpassbar sein.

Die Erstellung einer solchen Website bedarf eines hohen Grades an Planung, Geschick und Feingefühl. Mache Dich darauf gefasst, für eine gut funktionierende Website genügend Zeit zur Fertigstellung einzuplanen. Bevor Du Dich um Deine Website-Creator bemühst, gilt es, nach der Gründung zumindest vorübergehend einen Onepager zu erstellen, den Du dann schrittweise erweitern kannst.

Du solltest Dir zu jeder Zeit die von Dir angestrebte Zielsetzung genau vor Augen führen. Die frühe Vermittlung Deiner Vision ist für den späteren Erfolg derselben unabdingbar. Stelle Dir in diesem Zuge folgende Fragestellungen: Geht es Dir vorrangig darum, Deine Produkte auf der Website anzubieten und zu bewerben oder sollen für Deine Kund:innen ebenfalls fachliche Informationen bereitgestellt und Leads generiert werden? Weiterhin solltest Du Deine Zielgruppe und deren Bedürfnisse und Interessen identifizieren. Dadurch ist es Dir möglich, Inhalt, Design und Funktionalität Deiner Website anzupassen. Außerdem solltest Du Dir bereits zu Beginn der Gründung die passende Domain zu Deinem Start-up sichern.

Um einen positiven Eindruck von Deiner Website zu vermitteln, achte in einem nächsten Schritt darauf, ein nutzerfreundliches sowie ansprechendes Design zu wählen und eine klare Navigation anzubieten. Bezüglich des Inhalts Deiner Website gilt es, hochwertige, vielfältige und informative Inhalte zu erstellen. Wichtig ist hierbei eine überzeugende Sprache sowie das Einbeziehen von Bildern oder ggfs. Videos. Weiterhin ist es sinnvoll, eine Suchmaschinenoptimierung anzustellen, damit die potenzielle Kundschaft leichter Zugriff auf Deine Website hat. Hilfreich sind dabei Keywords, eine optimierte Seitenstruktur, Meta-Tags und eine URL-Struktur. Es ist essenziell, dass Du technische Grundlagen bereits zu Beginn umsetzt, um die Auffindbarkeit Deiner Website unter dem Start-Up-Namen im Google-Index zu gewährleisten.

Vor allem in den Anfangsstadien der Gründung, wenn erste Besucher:innen an Deiner Website Gefallen finden, kann eine Newsletter-Funktion hilfreich sein. Im Zuge dessen solltest Du mit Handlungsaufforderungen arbeiten, die über das Abonnieren Deines Newsletters hinausgehen, beispielsweise dem Kauf Deines Produkts oder dem Ausfüllen eines Kontaktformulars. Stichwort Kontakte! Stelle sicher, dass Besucher:innen Deiner Website leicht mit Dir in Verbindung treten können. Dies kann nicht nur über die Bereitstellung von Kontaktinformationen, dem Impressum und einem Kontaktformular erfolgen. Vielmehr kannst Du einen Live-Chat anbieten, der bei der Beantwortung der Fragen Deiner Kundschaft unterstützend zur Seite steht.

Achte zudem darauf, rechtliche Rahmenbedingungen des jeweiligen Landes einzuhalten. Neben der Bereitstellung eines Impressums besteht oftmals die Pflicht, eine Datenschutzerklärung aufzusetzen, die beschreibt, welche Daten gesammelt und verwendet werden dürfen und welche Rechte die Gäste Deiner Website hinsichtlich ihrer Daten haben. Im Falle eines Verstoßes gegen diese Vorgaben drohen Dir Abmahnungen, die Du leicht vermeiden kannst. Sorge des Weiteren zu Deinem eigenen Schutz dafür, Deine Website sicher zu gestalten. Zur Gewährleistung einer sicheren Datenübertragung wird die Implementierung von SSL-Zertifikaten empfohlen.

Um eine Analyse des Besucherverhaltens auf Deiner Website zu ermöglichen, insbesondere Erkenntnisse über den Traffic und die Conversion-Rate zu erhalten, ist es weiterhin sinnvoll, mit einem Analysetool zu arbeiten. Dadurch ist es Dir leichter möglich, Bereiche ausfindig zu machen, die einer Optimierung bedürfen. Insbesondere die Durchführung von A/B-Tests können dabei behilflich sein, herauszufinden, welche Versionen von Inhalten bei Besucher:innen die höchste Resonanz aufweisen.

Rechne auch damit, dass Deine Website infolge von Feedback der Kundschaft, Marktveränderungen sowie technologischen Veränderungen stetige Anpassungen erfordert. Nur so kannst Du den Bedürfnissen Deiner Kund:innen und Investor:innen gerecht werden.

Exit der Gründer:innen

Während vergangene Generationen meist davon träumten, zukunftsorientierte Familienunternehmen aufzuziehen, geht es heutzutage vielen Gründer:innen darum, einen erfolgreichen Exit durchzuführen. Dieser beschreibt den Zeitpunkt, an dem Du das Unternehmen entweder durch den Verkauf des gesamten Unternehmens oder zumindest den Verkauf Deiner eigenen Anteile verlässt.

Für Vorgespräche mit etwaigen Erwerber:innen ist eine Unternehmenspräsentation unabdingbar. Diese beinhaltet die Unternehmens- bzw. Entwicklungshistorie und eine Beschreibung des aktuellen Teams. Für den Verkauf an sich solltest Du den Gesellschaftsvertrag, einen Finanz- und Businessplan, betriebswirtschaftliche Auswertungen sowie fortlaufende Kundenverträge bereithalten.

Im Rahmen des Verkaufs ist es ratsam, die Rechts- und Finanzexpertise Dritter miteinzubeziehen, die mit Unternehmensabwicklungen vertraut sind und mit Dir gemeinsam einen optimalen Exit-Prozess gestalten können. Sie können Deine Interessen im Verkaufsprozess angemessen berücksichtigen und bei der Verhandlung und Fertigstellung der Verträge steuerliche und rechtliche Aspekte einbeziehen. In diesem Zuge solltest

Du Dir vor Augen führen, dass jeder Exit einen individuellen Prozess darstellt. Er soll deshalb vorrangig Deinen persönlich gesetzten Zielen, Bedürfnissen und Präferenzen unter Berücksichtigung der jeweiligen Umstände Deines Start-ups entsprechen. Falls Du das Interesse hast, gewisse Anteile an Deinem Unternehmen zu verkaufen, Du jedoch weiterhin am Unternehmen beteiligt bleiben willst, spricht man von einem Teil-Exit. Dieser kommt gerade dann in Betracht, wenn Du an frisches Kapital gelangen willst. Darüber hinaus existieren verschiedene Gestaltungsmöglichkeiten, welche je nach Zielsetzung der Gründungsmitglieder und Stand des Unternehmens variieren können.

a. Gestaltungsmöglichkeiten

Kommen wir nun zu den häufigsten Gestaltungsmöglichkeiten bzw. Exit-Strategien. Ziel des Ausstiegs ist es prinzipiell, zumindest die eigene Investition mindestens zurückzuerhalten und bestenfalls möglichst gewinnbringend auszutreten, kurz: Gewinne zu erzielen und Verluste zu minimieren.

aa) Übernahme bzw. vollständiger Verkauf an strategische Investierende

Erfolgreiche, innovative Start-Ups, die einen überschneidenden Wirkungskreis mit einem Konzern haben, führen ihren Exit häufig durch den vollständigen Verkauf, also den Verkauf inklusive Anteile und Vermögen, an strategische Investor:innen bzw. einen großen Konzern durch. Beachte, dass diese anfangs oftmals nur Anteile aufkaufen, ihr Ziel langfristig allerdings meistens die gesamte Übernahme ist.

bb) Trade Sale und Private Equity

Eine weitere Möglichkeit des Exits besteht darin, Dein Unternehmen an institutionelle Investor:innen zu verkaufen, die sich in professionelle Beteiligungsgesellschaften (Private-Equity-Firmen) untergliedern. Private-Equity-Firmen bemühen sich dann um in Fonds gesammelte Geldmittel, um damit in einem weiteren Schritt Anteile an Unternehmen zu kaufen. Dies hat zur Folge, dass Dein Unternehmen nicht im Gesamten übernommen wird und sich die Geldgeber lediglich ein investitionsabhängiges Gestaltungs- und Mitspracherecht erkaufen.

cc) Leveraged Buyout (LBO)

Sofern Dein Unternehmen bereits ausreichend finanzielle Mittel aufweist, könnte ein Exit in Form eines Leveraged Buyout (fremdfinanzierte Übernahme) in Frage kommen. Hierbei nutzen Investor:innen, die bereits Anteile an Deinem Unternehmen angekauft haben, weiteres Fremdkapital, um Deine eigenen Anteile aufzukaufen. Um das Fremdkapital einschließlich Zinsen zu tilgen, werden meist Geldmittel aus dem Cashflow Deines Unternehmens verwendet. Mache Dich allerdings darauf gefasst, dass die Deine Anteile aufkaufenden Investor:innen diese im Anschluss mit seinen bisherigen Anteilen weiterverkauft.

dd) IPO: Börsengang

Den Rolls Royce unter den Exit-Strategien stellt der Gang an die Börse dar. In der Fachsprache bezeichnet man einen solchen Fall als Initial Public Offering (IPO). Grundsätzlich wird es den wenigsten Start-Ups gelingen, den Exit über die Börse zu schaffen. Zudem handelt es sich erst um einen finalen Exit, sobald die Aktien dort verkauft wurden. Bei einer derartigen Exit-Strategie solltest Du also von vornherein mit einer weitaus längeren Durchführungszeit rechnen.

ee) Merger: Exit durch Zusammenschluss

Eine ebenfalls nicht unbeliebte exit-ähnliche Strategie bildet der ergänzende Zusammenschluss mit einem Unternehmen, welches in Konkurrenz mit Deinem steht. Hierdurch bietet sich die Möglichkeit, neue und innovative Marktvorteile auszuschöpfen, während Du Deine Anteile am Unternehmen hältst. Durch die mit der Fusion einhergehende unternehmensinterne Verteilung kann es Dir bei dieser Strategie dennoch möglich sein, einen Teil-Exit durchzuführen, indem Du etwa finanziell nicht mehr an der Firma beteiligt bist.

ff) Timing

Wann es für Dich am sinnvollsten ist, einen Exit zu planen, ist natürlich von Fall zu Fall unterschiedlich und hängt sehr von Deiner Motivation hinter dem Unternehmen ab. Grundsätzlich gilt aus strategischer Sicht allerdings folgendes: Der beste Zeitpunkt für einen Ausstieg ist meistens, sobald Dein Unternehmen eine gewisse Größe und Stabilität aufweist, da Du für Investor:innen genau dann am attraktivsten bist. Mit den von Dir dabei erzielten Geldmitteln ist es Dir in einem weiteren Schritt dann möglich, neue Ideen und Produkte umzusetzen und zu entwickeln.

b. Typische Vertragsbausteine

Auch wenn jeder Übernahmevertrag für sich genommen individuell aufgesetzt werden muss, enthalten sie oft wiederkehrende Passagen und Regelungen. Deshalb gibt es im Rahmen des Exits typische Bausteine, die in die jeweiligen Verträge integriert werden sollten. An dieser solltest Du folgende Aufzählung bei Deinen individuell angefertigten Verträgen als Checkliste berücksichtigen:

- Kaufpreis und Zahlungsmodalitäten
- Gewährleistungen bzw. Garantien
- Non-Compete-Klauseln
- Veräußerungsbeschränkungen
- Übergangsvereinbarungen
- Haftungsbeschränkungen
- Zustimmungserfordernisse und Freigabemechanismen

Beachte bitte, dass Vertragsbausteine sowie -bedingungen stets von den Parteien abhängig sind und somit unterschiedlich ausfallen können und müssen.

aa) Kaufpreis und Zahlungsmodalitäten

Der Vertrag sollte zunächst den von Dir mit den Vertragspartner:innen vereinbarten Kaufpreis für die Anteile bzw. das gesamte Unternehmen enthalten. Weiterhin bedarf es einer Festlegung der Zahlungsmodalitäten. Diese umfassen unter anderem eine etwaige Anzahlungshöhe, mögliche vereinbarte Ratenzahlungen sowie Earn-Out-Regelungen.

bb) Gewährleistungen und Garantien

Der Vertrag kann weiterhin von Dir gewünschte Gewährleistungen und Garantien, wie etwa den Erhalt des geistigen Eigentums, aufweisen.

cc) Non-Compete-Klauseln

Non-Compete-Klauseln bezwecken ein Verbot für die Verkäufer:innen, nach dem erfolgreichen Exit einem Konkurrenzunternehmen beizutreten. Die Klauseln legen Regelungen über die Dauer sowie den Umfang dieser Wettbewerbsbeschränkungen fest. Auf die genaue Formulierung und Reichweite sollte stets geachtet werden.

dd) Veräußerungsbeschränkungen

Darüber hinaus kann Dein Vertrag Klauseln enthalten, die besagen, dass die veräußernden Gründer:innen aufgrund des Käuferschutzes unmittelbar nach dem Exit nicht imstande sind, ihre verbleibenden Anteile zu verkaufen.

ee) Übergangsvereinbarungen

Häufig finden sich Übergangsbestimmungen in Verträgen, die notwendige Maßnahmen des Transfers sicherstellen, wie etwa die Pflicht der ehemaligen Gründer:innen zur Mitarbeit über einen bestimmten Zeitraum oder zum Informationstransfer.

ff) Haftungsbeschränkungen

Der Vertrag kann darüber hinaus Haftungsbeschränkungen zwecks Gründerschutz beinhalten, wie etwa Schadenersatz- oder Gewährleistungsansprüche.

gg) Zustimmungserfordernisse und Freigabemechanismen

Der Vertrag kann obendrein Klauseln über individuelle Zustimmungen oder erforderliche Freigaben von anderen Personen, die Aktien oder Anteile an der Gesellschaft halten, Aufsichtsbehörden oder anderen unternehmensinternen relevanten Parteien enthalten.

Worst-Case-Szenario/Exit-Strategie/ Streit zwischen den Gesellschaftern

Kommen wir nun in unserem letzten Kapitel zu einem Thema, mit welchem Du Dich bei sorgfältiger Lektüre dieses Buches hoffentlich niemals auseinandersetzen musst: Dem Worst-Case-Szenario!

Im Worst-Case-Szenario ist das Unternehmen nicht mehr fähig, finanzielle Verbindlichkeiten aus eigenen Mitteln zu bewältigen und in diesem Zuge seinen Geschäftsbetrieb fortlaufen lässt. Grundsätzlich kommen als Exit-Strategien eines Worst-Case-Szenarios zwei Exit-Strategien in Betracht: die Liquidation und die Insolvenz.

Um durch frühzeitige Kenntnis und rechtzeitige Kommunikation mit finanzierenden Gesellschafter:innen derartigen Krisen vorzubeugen, wird empfohlen, eine realistische 13-wöchige kurzfristige sowie eine langfristige 14-monatige Liquiditätsplanung anzustellen. In jedem Fall ist es ratsam, Dich für eine von Fall zu Fall verschiedene Vorgehensweise von Personen mit Insolvenz- und Rechtsexpertise umfangreich beraten zu lassen, um neben Deinen eigenen Interessen die Belange Deiner Gläubiger:innen und Mitgesellschafter:innen zu schützen. Idealerweise sollte eine gut durchdachte Exit-Strategie für den Worst Case bereits in den Geschäftsplänen des Start-Ups berücksichtigt werden, um mögliche Risiken und Herausforderungen angehen zu können. Eine frühzeitige Identifizierung von finanziellen Problemen und die Einleitung entsprechender Maßnahmen können helfen, das Worst-Case-Szenario zu vermeiden oder zumindest den Schaden zu begrenzen.

a. Liquidation vs. Insolvenz

Wenn Dein Unternehmen in eine finanzielle Krise gerät, gibt es zwei grundlegende Handlungsoptionen, um die GmbH Deines Start-Ups unter Umständen aufzugeben oder aus ihrer Schieflage zu retten: Die Liquidation und die Insolvenz. Das Verfahren ist nicht bei jeder Gesellschaftsform gleich und einschlägige Regelungen differieren ebenfalls.

Hast Du Dein Start-up – wie in den meisten Fällen – als GmbH gegründet, so wird bei der Liquidation die GmbH des Start-Ups aufgelöst und das Vermögen oder geistige Eigentum derselben veräußert, da das Geschäftsmodell Deines Start-Ups gescheitert ist und keine Gewinnaussichten mehr bestehen. Neben weiteren Auflösungsgründen kann die Auflösung per Gesellschafterbeschluss (§ 60 Abs. 1 Nr. 2 GmbHG) erfolgen. Sie muss nach § 65 GmbHG ebenso wie auch die Liquidatoren (§ 67 GmbHG) zum Handelsregister angemeldet werden und die Auflösung in den Gesellschaftsblättern bekannt gemacht werden. Gleichzeitig sind die Gläubiger:innen der Gesellschaft aufzufordern, sich zur Begleichung ausstehender Schulden bei der Gesellschaft zu melden. Die Liquidatoren müssen laufende Geschäfte abwickeln, Forderungen einziehen und das Vermögen in Geld umsetzen (§ 70 GmbHG). Mit entstehenden Geldmitteln sollen ausstehende Verbindlichkeiten beglichen werden. Du hast Deine Verbindlichkeiten nicht in einer festgelegten Reihenfolge zu zahlen, wenngleich höhere Anspruchssummen Vorrang genießen. Die im Anschluss noch vorhandenen Geldmittel werden nach

Begleichung aller Schulden, frühestens nach einem Jahr, dem sogenannten Sperrjahr, an Dich und weitere Gesellschafter:innen verteilt (§ 73 GmbHG). Wenn so das ganze Vermögen der GmbH liquidiert und verteilt wurde, wird die Beendigung der Liquidation ins Handelsregister eingetragen und die Gesellschaft gelöscht (§ 74 GmbHG).

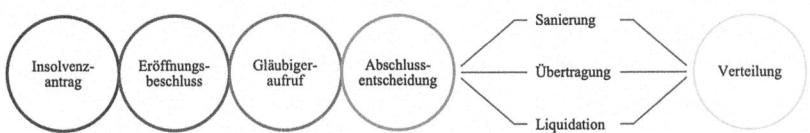

Ziel der Insolvenz ist wie bei der Liquidation grundsätzlich die Begleichung der Schulden der Gesellschaft. Liegt ein Insolvenzgrund vor (§ 16 InsO) – drohende Zahlungsunfähigkeit, Zahlungsunfähigkeit oder Überschuldung (§§ 17, 18, 19 InsO) – so kann seitens des Gläubigers oder des Schuldners, also dem Start-Up, ein Insolvenzantrag gestellt werden, der das Insolvenzverfahren in Gang setzt. Bei einer Zahlungsunfähigkeit oder Überschuldung trifft die Geschäftsführung die Pflicht, nach spätestens drei bzw. sechs Wochen einen Insolvenzantrag zu stellen (§ 15a Abs. 1 InsO), während eine solche Pflicht bei drohender Zahlungsunfähigkeit nicht besteht und freiwillig von Seiten der Gründer:innen erfolgt. Es beginnt zunächst ein vorläufiges Insolvenzverfahren, in dem geprüft wird, ob ein Insolvenzgrund vorliegt und ob genug Masse zur Durchführung des Insolvenzverfahrens vorhanden ist. Ist nicht genug Vermögen zur Tragung der Kosten des Insolvenzverfahrens vorhanden, wird der Insolvenzantrag mangels Masse abgelehnt (§ 26 InsO). Ansonsten wird das Verfahren eröffnet, ein:e Insolvenzverwalter:in bestellt (§ 27 InsO) und die Eröffnung bekannt gegeben. Im Eröffnungsbeschluss werden die Gläubiger:innen Deiner Gesellschaft zur Anmeldung ihrer Forderungen aufgerufen, die in die Insolvenztabelle aufgenommen werden. Der:die Insolvenzverwalter:in erhält die Kontrolle über Dein Unternehmen und prüft, ob es aufgelöst werden sollte oder ob die Gesellschaft noch saniert werden kann. Über die finanzielle Lage der Gesellschaft und potenzielle Sanierungsoptionen informiert er die Gläubigerversammlung (§ 156 InsO). Sie entscheiden über den weiteren Verlauf des Verfahrens: die Stillegung oder die vorläufige Fortführung und gegebenenfalls die Erstellung eines umfassenden Insolvenzplans (§ 157 InsO). Wird keine Fortführung beschlossen, so beginnt die Verwertung des Schuldnervermögens (§ 159 InsO). Je nach finanzieller Lage ist eine dafür nahe liegende Strategie der gesamte Unternehmensverkauf an ein anderes Unternehmen oder andere Investor:innen. Möglich ist in diesem Zuge auch der Verkauf an bereits beteiligte Gesellschafter:innen. Ansonsten wird das Vermögen, die Insolvenzmasse, liquidiert, um die Gläubiger zu befriedigen. Nach der Prüfung ihrer Ansprüche durch den Insolvenzverwalter werden die Ansprüche in spezielle Gruppen eingeteilt und in eine entsprechende Rangfolge gebracht, da manche Gläubiger vorrangig zu befriedigen sind. Danach wird eine Quote gebildet, nach der die Gläubiger aus der Insolvenzmasse anteilig befriedigt werden.

Unter Umständen sind die Geschäftsführer:innen zur Einleitung eines Insolvenzverfahrens gezwungen. Die Eröffnung des Insolvenzverfahrens stellt ebenso wie ein entsprechender Gesellschafterbeschluss einen Auflösungsgrund für die GmbH dar (§ 60 Abs. 1 Nr. 4 GmbHG). Oftmals kann es zwecks Schadensbegrenzung sinnvoll sein, dass Du nicht die Insolvenz abwartest, sondern Dich rechtzeitig auf eine Liquidation vorbereitest und diese selbstständig durch einen Beschluss einleitest. Im Gegensatz zur Liquidation wird Dein Unternehmen bei der Insolvenz als zahlungsunfähig betrachtet. Wird von der Geschäftsführung ein verpflichtender Insolvenzantrag nicht gestellt, machen sich ihre Mitglieder:innen strafbar. In der Folge kann ihnen das Recht entzogen werden, für die folgenden fünf Jahre die Position als Geschäftsführer:in einzunehmen. Auf der anderen Seite kann die Insolvenz ein Anstoß zu einer grundlegenden Umstrukturierung sein, die Dein Start-up noch einmal zukunftsfähig wachsen lassen kann. Liquiditätshilfen wie das Insolvenzgeld unterstützen die Sanierung.

b. Haftungsrisiken in der Insolvenz

Schon vor der Insolvenz gilt Vorsicht! Geschäftsführer:innen haften nämlich für Steuerschulden, die sie schuldhaft nicht entrichtet haben (§ 34, 69 AO). Im Zusammenhang mit einer Insolvenz bestehen aber einige weitere, spezielle zivil- und strafrechtliche Haftungsfallen, mit denen Du Dich vertraut machen solltest.

Im Insolvenzfall selbst hängt die Eröffnung des Verfahrens, wie bereits erwähnt, im Normalfall von der Antragstellung ab. Der Insolvenzantrag muss unmittelbar, spätestens nach drei bzw. sechs Wochen, gestellt werden, unabhängig vom subjektiven Kenntnisstand der Geschäftsführer:innen. Einfache Fahrlässigkeit der Fristsäumnis genügt in diesem Fall! Zudem liegt eine Vermutungsregelung hinsichtlich des Verschuldens der Geschäftsführer:innen vor. Das bedeutet: Du musst im Ernstfall beweisen, dass Du trotz hinreichender organisatorischer Vorkehrungen nichts von den Umständen hättest wissen können und alle zumutbaren Maßnahmen getroffen hast, um Deiner Antragspflicht zu genügen. Kommt die Geschäftsführung der Antragspflicht nicht nach, so kommt eine Strafbarkeit wegen Insolvenzverschleppung nach § 15a Abs. 4 InsO in Betracht. Als weitere Insolvenzstraftaten kommen der Bankrott (§§ 283, 283a StGB), die Verletzung der Buchführungspflicht (§ 283b StGB) und die Gläubiger- und Schuldnerbegünstigung (§§ 283 c, 283 d StGB) in Betracht sowie bei der Täuschung Geschäftspartner über die Vermögensverhältnisse der Gesellschaft der Betrug (§ 263 StGB) oder bei einer vorsätzlichen Verletzung der Pflicht zur Abführung der Arbeitnehmerbeiträge an die Sozialversicherung die Veruntreuung von Arbeitsentgelt (§ 266a Abs. 1 StGB). Machst Du als Geschäftsführer:in falsche Angaben, könntest Du überdies aus § 82 Abs. 2 GmbHG haften.

Zudem entsteht durch Verringerung der zur Befriedigung der Gläubiger:innen zur Verfügung stehenden Insolvenzmasse meist für andere Personen ein Schaden. Neuverträge würden bei Kenntnis der finanziellen Lage des Unternehmens in den meisten Fällen nicht geschlossen. Wegen Deiner allgemeinen Treue- und Sorgfaltspflichten (§ 43 Abs. 2 GmbHG) gegenüber der GmbH trifft Dich deshalb eine Haftung, sofern der Insolvenzantrag mindestens leicht fahrlässig verspätet bzw. nicht gestellt wird. Für diese Schäden haftet die Geschäftsführung gegenüber den Vertragsparteien der Gesellschaft auch aus § 823 Abs. 2 BGB i. V. m. § 15a Abs. 4 InsO und anderen Straftatbeständen. In gleicher Weise kann eine persönliche Haftung von Geschäftsführer:innen und auch sonstigen Personen, die um die Zahlungsunfähigkeit wussten, nach § 826 BGB begründet werden. Nach Eintritt der Zahlungsunfähigkeit oder Feststellung der Überschuldung dürfen Zahlungen aus dem GmbH-Vermögen grundsätzlich nicht getätigt werden, außer dies ist mit der Sorgfalt eines ordentlichen und gewissenhaften Geschäftsleiters vereinbar (§ 15b Abs. 1 InsO). Ein Verstoß kann zu einer Haftung nach § 15b Abs. 4 InsO führen. Außerdem obliegt Dir die Pflicht, notwendige Mittel rechtzeitig zurückzulegen, um sie bei Fälligkeit von Verbindlichkeiten einsetzen zu können. Im Ernstfall kann dies zur Lohnkürzung gegenüber Deiner Belegschaft führen. Bedenke dabei, dass selbst bei gekürzten Löhnen Arbeitnehmerbeiträge zur Sozialversicherung ordnungsgemäß zu zahlen sind.

c. Streit zwischen den Gesellschaftern

Zum Worst Case unter Gründern fällt natürlich der – nicht so seltene – Streitfall. Immer wieder kommt es vor, dass sich die Gründer:innen in unterschiedliche Richtungen entwickeln oder andere Interessen entwickeln. Als Beispiel wird etwa das Wandeldarlehen genannt: Manche Gründer favorisieren es, hohe Darlehen aufzunehmen. Andere wollen lieber weniger Geschäftsanteile in den Ring werfen. Sind die Gründer:innen zerstritten und ist niemand bereit, die Geschäftsanteile des anderen nach dessen Vorstellungen zu übernehmen (das ist insbesondere relevant, wenn bereits eine signifikante Bewertung vorliegt), bleibt nur der Weg über eine zwangsweise durchgeführte Trennung.

Abhängig von der Ausgestaltung des Gesellschaftsvertrages sind Geschäftsanteile anderer Gesellschafter:innen einzuziehen oder diese auszuschließen. In beiden Fällen ist ein wichtiger Grund notwendig. Die Differenzierung zwischen der Einziehung und dem Ausschluss (oder einer Kombination daraus) ist wichtig. Bei einer Einziehung – die ausdrücklich im Gesellschaftsvertrag verankert sein muss – steht demjenigen, der die wichtigen Gründe verwirklicht haben könnte, kein Stimmrecht bei der Entscheidung über die Einziehung zu. Er muss im Anschluss innerhalb einer festgelegten Frist (in der Regel ein Monat) gegen die Wirksamkeit des Beschlusses klagen. Die übrigen Gesellschafter:innen müssen die wichtigen Gründe dann darlegen und beweisen. Die Einziehung wirkt allerdings sofort und die Geschäftsführer:innen haben die Möglichkeit, die Gesellschafterliste anzupassen. Zwar existieren rechtliche Abhilfemaßnahmen für den betroffenen Gesellschafter. Diese sind komplex und sollten mit einem rechtlichen Experten abgestimmt werden. Ist eine Einziehung nicht möglich, kann der:die Gesellschafter:in ausgeschlossen werden. Anders als bei der Einziehung muss die Gesellschaft die Wirksamkeit des Ausschlusses gerichtlich feststellen lassen. Je nach Gestaltung des Gesellschaftsvertrages bleibt der:die betroffene Gesellschafter:in so lange noch Gesellschafter. Steht fest, dass wichtige Gründe vorliegen, sehen die meisten Gesellschaftsverträge zwei Möglichkeiten vor: Entweder der Geschäftsanteil erlischt oder ein:e andere:r Gesellschafter:in übernimmt die Geschäftsanteile. Davon hängt ab, wer die Abfindung, die dem:der ausscheidende:n Gesellschafter:in zusteht, zu zahlen hat. Die Höhe der Abfindung hängt von der Bewertung ab. In der Regel muss der:die ausscheidende Gesellschafter:in die Höhe seines:ihres Anspruchs darlegen. Die Mechanismen, die im Streitfall denkbar sind, sind wie etwa bei einem Schachspiel vorab zu planen. Eine gute Strategie führt hier zum Ziel.

SPRINGER NATURE

GPSR Compliance

The European Union's (EU) General Product Safety Regulation (GPSR) is a set of rules that requires consumer products to be safe and our obligations to ensure this.

If you have any concerns about our products, you can contact us on ProductSafety@springernature.com

In case Publisher is established outside the EU, the EU authorized representative is:

Springer Nature Customer Service Center GmbH
Europaplatz 3
69115 Heidelberg, Germany

The manufacturer's authorised representative in the EU is Springer Nature Customer Service Centre GmbH, Europaplatz 3, 69115 Heidelberg, Germany. If you have any concerns regarding our products, please contact ProductSafety@springernature.com

Printed and bound by CPI Group (UK) Ltd, Croydon, CR0 4YY

23/03/2026

02076397-0013